Fondements du mouvement chrétien mondial

Ralph D. Winter

Édition française

Sous la direction de Moussa Bongoyok

I0081674

Presses Universitaires de Mokolo – International Office

P.O. Box 40126 Pasadena, CA 91114-7126 (USA)

Site internet:

https://contributionsafricaines.com/presses-universitaires-de-mokolo-p-u-m-mokolo-university-press

Les Presses Universitaires de Mokolo sont une maison d'édition de l'Institut Universitaire de Développement International (IUDI) *www.iudi.org*

Courriel : administration@iudi.org

Auteur : Ralph Winter

Fondement du movement chrétien mondial

Éditeur de la version française : Moussa Bongoyok

Translated from English with the permission of the Frontier Mission Fellowship, DBA Frontier Ventures. For more information contact the Ralph D. Winter Research Center, Pasadena, CA.

Website : rdwrc.wciu.edu

Traduit de l'anglais avec la permission de la Frontier Mission Fellowship, DBA Frontier Ventures. Pour plus d'informations, contactez le Ralph D. Winter Research Center, Pasadena CA.

Dépôt légal – 1re édition : juillet 2023.

Copyright © by Moussa Bongoyok

No part of this publication may be reproduced, stored in a retrieval system, or transmitted in any form or by any means -for example, electronic, photocopy, or recording - without the Publisher's prior written permission. The only exception is brief quotations in printed reviews.

ISBN : 9780972549509
Library of Congress Control Number : 2023940258

DÉDICACE

Au Seigneur Jésus-Christ, le Chemin, la Vérité et la Vie.

TABLE DES MATIÈRES

REMERCIEMENTS

Nous exprimons notre profonde gratitude à notre bien-aimée Priscille Mbalidam Bongoyok pour ses multiples encouragements. Nous remercions la Professeure Beth Snodderly, le Dr Greg Parsons et William Carey International University qui ont encouragé et soutenu la traduction de ce document en français. Nous exprimons également notre profonde gratitude au collaborateur Gaimatakone Alexandre Kr Dujok qui a fait le premier jet de traduction, à Martin Steib et au Professeur Raymond Mbassi Atéba qui nous ont prêté main-forte dans l'édition de cet ouvrage. Enfin, nous n'oublierons jamais l'appui multiforme des couples Patrick et Rosemary Sookhdeo, Fred et Marjorie Young-Krauss, et de nombreux autres frères et sœurs pendant notre congé sabbatique.

Fondements du mouvement chrétien mondial

PRÉFACE

La capacité qu'a un édifice à résister aux assauts du temps et des intempéries repose largement sur la qualité de sa fondation. Il en est de même pour la Mission chrétienne. Au-delà des considérations ecclésiales ou théologiques, la vision et les stratégies missionnaires reposent-elles sur le fondement solide des saintes Écritures ? La question mérite d'être posée en ce vingt et unième siècle où l'univers ecclésial nord-américain, qui était l'un des centres les plus dynamiques de l'œuvre missionnaire du 19e et du 20e siècle, a fait une chute vertigineuse. De nombreuses communautés chrétiennes semblent avoir perdu le sens de direction missionnaire. D'autres se contentent de survivre dans un contexte de plus en plus hostile au point de délaisser ce qui fait leur force : la propagation de l'Évangile.

Devant une telle situation, il semble opportun de convoquer un proverbe peul qui dit : « *To a andaa haa njahta, andu haa iwda* », que l'on pourrait traduire en français par "Si tu ne sais pas où tu vas, sache d'où tu viens." Justement, un regard rétrospectif, une relecture du plan de Dieu pour le salut de l'humanité révélé dans la Bible et une réflexion approfondie sur les implications des directives divines sur la propagation de la Bonne Nouvelle du salut gratuit en Jésus-Christ tout au long de l'histoire de l'Église s'imposent. L'importance et l'enjeu éternel d'un tel message sont tel qu'aucun groupe ethnique ne doit en être privé. C'est précisément l'une des forces de la réflexion de Ralph Winter dont cette œuvre a traduit quelques réflexions de l'anglais « Foundations » utilisé pour un cours éponyme au sein de William Carey International University (WCIU). Du fait de son caractère interdisciplinaire, cet enseignement n'est pas seulement destiné aux missiologues et aux interculturalistes, mais pourrait aussi intéresser les personnes qui étudient la théologie, la sociologie religieuse et le développement international.

Bien entendu, l'éditeur de cette version française, en se lançant dans une telle entreprise, ne voudrait en aucun cas dire que Winter est le seul auteur qui vaille la peine d'être écouté. De nombreux savants évangéliques ont produit des œuvres de qualité sur le fondement biblique de la mission. Seulement, rares sont ceux et celles qui ont perçu avec la même perspicacité la réalité du combat spirituel qui caractérise cette entreprise et la nécessité d'orienter les efforts vers les peuples non atteints. Pour cette raison, nous pensons qu'il est important que le public francophone soit exposé aux raisonnements de ce visionnaire exceptionnel, tout en conservant l'attitude des Chrétiens de Bérée qui examinaient toute chose à la lumière des Écritures.

Il convient de souligner que ce livre n'est qu'une traduction. Le but que nous poursuivons est de mettre l'essentiel de son travail à la portée du lectorat francophone, en toute loyauté. Autant que faire se peut, nous nous sommes efforcés de respecter le style de l'auteur que l'on peut imaginer en train d'enseigner dans une salle de classe. Très souvent, nous avons recherché et précisé les sources bibliographiques sur la base des indices qui se trouvent dans le texte original. Toutefois, malgré tous les efforts déployés, nous ne prétendons nullement avoir fait entièrement justice aux pensées du Professeur Winter. Notre vœu le plus cher est que ceci soit le point de départ d'une reconsidération de la fondation des initiatives d'évangélisation et de mission transculturelle et, mieux encore, d'un nouveau zèle pour l'annonce de l'Évangile à tous les peuples du monde, quel que soit leur niveau d'exposition aux valeurs chrétiennes.

Prof. Moussa Bongoyok

INTRODUCTION

Dans mes sermons, j'ai présenté ce verset pendant de nombreuses années comme un merveilleux exemple que la Grande Commission (ou l'ordre missionnaire) était énoncée dans l'Ancien Testament. J'ai plus tard réalisé que les contemporains d'Esaïe ne pouvaient pas savoir qu'ils vivaient sur une planète et que, par conséquent, ce message ne parlait pas vraiment des extrémités de la planète. Le mot « terre » renvoyait pour eux à la plaine du Croissant fertile et les « extrémités de la terre » aux montagnes de l'Iran, de l'Afghanistan et de la Turquie actuels qui limitent cette plaine. Tout à coup, j'ai compris – pour la toute première fois – que la Bible disait en fait à ces captifs de Babylone (qui se trouvaient littéralement déjà aux « extrémités de la terre ») : « Je veux que mon salut parvienne à ceux qui vous ont menés en captivité ». Cet ordre était de loin plus difficile que celui de partir comme missionnaires jusqu'aux extrémités de la terre.

Permettez-moi de vous expliquer pourquoi ce type de mission est difficile à réaliser. Je n'oublierai jamais le séjour que j'ai effectué au Pakistan il y a quelques années de cela. Le corps professoral du séminaire dans lequel j'enseignais depuis un bon bout de temps déjà devenait de plus en plus mécontent de ma préoccupation manifeste pour le fait que les Musulmans pakistanais, soit 97 % de la population de ce pays, ne faisaient pas partie de leur cible missionnaire. Ces Chrétiens, contrairement à moi, ne manifestaient strictement aucun intérêt pour les Musulmans. Pour finir, l'un des responsables de cette institution me brandit son doigt au visage et me dit : « Si vous osez envoyer des missionnaires auprès des Musulmans du Pakistan, nous les dénoncerons auprès du Gouvernement et nous les ferons expulser du pays ». Vous pouvez donc facilement comprendre combien il aurait été dur pour eux de recevoir cette instruction : « Je veux que vous soyez le moyen de salut de vos oppresseurs ».

Si cette dernière instruction est véritablement ce que la Bible voulait dire par ce verset, avons-nous le droit de l'interpréter autrement en lui faisant dire : « Je veux que vous envoyiez des missionnaires jusqu'aux extrémités de la terre (planète) » ? J'aurais bien aimé que ce verset fasse référence à des missionnaires à envoyer jusqu'aux extrémités de la terre, mais en nous penchant sur le contexte biblique, il n'en est rien de tel. Serions-nous corrects envers la Bible si nous la forcions à rentrer dans notre conception actuelle de la mission à l'échelle mondiale alors qu'en réalité, elle voulait dire dans ce verset quelque chose de tout à fait différent ?

Ce verset est capital pour les Chrétiens pakistanais d'aujourd'hui. Car, que ce soit au Pakistan ou au Bangladesh, certains Chrétiens ne veulent pas évangéliser les Musulmans qui constituent la majorité de la population de leur pays, mais ils sont prêts à dénoncer et à s'opposer à ceux qui le feraient éventuellement.

Il est certain que la Bible s'adresse encore à nous aujourd'hui. Aussi allons-nous lire un court passage du Nouveau Testament qui nous renseigne amplement sur la question qui nous intéresse. Ce passage est un extrait d'un discours de l'apôtre Paul. Il est fort probable qu'il ignorait qu'il vivait sur une planète et, de toute évidence, il ne pouvait s'exprimer que dans les termes cosmologiques du premier siècle. Néanmoins, ce qu'il disait s'applique réellement à la planète entière telle que nous la connaissons aujourd'hui.

Lisons Actes 26. C'est le chapitre dans lequel Paul comparaît devant Agrippa qui l'autorise à lui raconter son histoire. Paul lui explique comment il fut terrassé en plein jour par une lumière incroyable et une voix venant du ciel qui lui disant :

> « Mais relève-toi et tiens-toi debout. Car voici pourquoi je te suis apparu : pour t'établir serviteur et témoin de la vision dans laquelle tu viens de me voir et de celles où je me montrerai encore à toi. C'est pour cela que je te délivrerai du peuple et des nations païennes dans lesquelles je t'envoie, moi, pour leur ouvrir les yeux, afin qu'elles reviennent des ténèbres à la Lumière et de l'empire de Satan à Dieu ». (Bible de Jérusalem)

La fin de ce texte utilise trois métaphores – l'aveuglement, les ténèbres, la captivité – qui dans un certain sens signifient la même chose. Paul dit ensuite à Agrippa : « Je n'ai pas été rebelle à la vision céleste... j'ai prêché qu'il fallait se repentir et revenir à Dieu, en faisant des œuvres qui conviennent au repentir » (Bible de Jérusalem). Ce dernier passage montre que dans sa prédication, Paul va au-delà de ce sur quoi la Réforme a mis un accent particulier : montrer aux gens le moyen d'accéder au ciel.

Il est intéressant de constater que de nos jours, les évangéliques sont eux aussi allés, bien que dans un sens contraire à celui de Paul, au-delà de la Réforme. Nous pouvons maintenant, contrairement à la Réforme qui ne pouvait pas assurer aux gens qu'ils entreraient au ciel, mais qui toutefois leur proposait une méthode potentiellement meilleure pour ce faire, promettre aux gens l'accès au ciel. Deux siècles après la Réforme, un grand nombre de Chrétiens n'arrivaient pas à s'imaginer qu'ils pouvaient tout simplement « accepter Christ » et être sûrs d'aller au ciel. Pourquoi ? Parce qu'il n'existait alors aucune doctrine de l'assurance du salut. Ils étaient encore sous l'emprise des traditions originelles de la Réforme. Selon l'une de ces traditions, il fallait attendre jusqu'au moment où Dieu vous élit ; et en attendant, vous deviez lire votre Bible et aller à l'église dans l'espérance que Dieu finirait par vous sauver. Aucun enseignement ne garantissait l'assurance du salut. Remarquez dans le message que Paul prêche qu'il ne fait pas mention de la récompense à obtenir, mais de ce sur quoi les gens doivent porter toute leur attention : la repentance et l'obéissance. « Revenir des ténèbres à la lumière » veut dire se repentir. Lorsque Paul affirme dans 2 Corinthiens : « Il est mort pour tous, afin que ceux qui vivent ne vivent plus pour eux-mêmes, mais pour celui qui est mort et ressuscité pour eux », il ne fait pas simplement allusion aux personnes dont la vie est centrée sur elles-mêmes – bien que ce type de personnes soit inclus dans son propos. Il nous invite ici à pénétrer dans une tout autre dimension de la vie.

Que veut dire Paul ? Qu'est-ce qu'il veut nous faire comprendre par cela ? De toute évidence, nous devrions être de nos jours mieux à même de comprendre les choses, notamment au sujet des desseins de Dieu, que Paul ne le pouvait à son époque. Je crois pour ma part que nous avons une plus grande perspective d'ensemble aujourd'hui. Si vous en doutez, regardez la façon de penser de ceux qui ne sont jamais allés au-delà d'un rayon de 20 km de l'endroit où ils sont nés ou à ceux qui n'ont vécu que douze, vingt ou trente ans sur la terre. Les contemporains de Paul ne pouvaient appréhender les choses que dans une étendue d'espace et de temps limitée. Il leur était manifestement impossible d'avoir une vision plus large de toutes les différentes significations que pouvait revêtir l'expression « revenir à Dieu ». Or, Paul leur faisait comprendre que la vie d'un disciple au quotidien constituait désormais le cadre dans lequel la volonté de Dieu devait se révéler et s'accomplir. Ce que Paul voulait clairement dire, c'est que quiconque suivait Christ était de facto entraîné dans cette plus grande dimension de la vie.

Mais il y a deux choses dans cette histoire auxquelles, en général, on ne prête pas assez attention. Pourquoi Dieu lui a-t-il dit : «je te délivrerai du peuple » ? Et pourquoi quelque temps après Paul a-t-il ajouté « voilà pourquoi les Juifs, s'étant saisis de moi dans le temple, essayaient de me tuer » ? Quelle en était la raison ? Pourquoi s'était-on jeté sur un homme qui voulait sauver les gens de l'aveuglement, des ténèbres et de la captivité ? Eh bien ! Il y a une raison à cela.

Vous vous rappelez sans doute que dans les Écritures, le tout premier sermon de Jésus a failli lui coûter la vie. Luc 4 nous rapporte que Jésus avait commencé dans un premier temps à dire des choses que tout le monde approuvait visiblement. On peut même s'imaginer que dans son auditoire, des gens se faisaient signe les uns aux autres en disant : « N'est-il pas remarquable ? » Puis, tout d'un coup, il se mit à parler des gentils auxquels Dieu portait désormais un regard favorable. Ce qui éveilla brutalement l'attention du peuple qui était maintenant accroché à ses lèvres. Il continua ses propos et ajouta quelque chose au sujet d'un autre groupe de gentils auxquels la grâce de Dieu était parvenue. Ce fut la goutte qui fit déborder le vase. Ils fondirent sur lui, le saisirent et cherchèrent à le jeter du haut d'une falaise. Et pourquoi cela ? Parce qu'ils répugnaient tout simplement la pensée que Dieu aimait aussi les gentils ! Pourtant cette pensée qui les scandalisait existait déjà dans la Bible.

Prenez aussi le premier sermon de l'apôtre Paul à Antioche. À cette époque, il existait deux villes qui s'appelaient Antioche : la première désignant le lieu d'où il fut envoyé et la seconde, le lieu dans lequel il vint prononcer le premier sermon qui nous est rapporté de lui dans le livre des Actes. Il y fut invité à enseigner pendant deux sabbats consécutifs ; ce qui représentait un geste de courtoisie vis-à-vis d'une personne qui – comme lui – avait reçu une formation rabbinique. Mais apparemment, ils n'avaient aucune idée de ce que lui, Paul, allait dire, car au fur et à mesure qu'il parlait, les anciens de la synagogue, qui d'habitude s'asseyaient aux premiers rangs de l'assemblée, devenaient visiblement de plus en plus troublés. Son discours semblait plutôt être destiné aux derniers rangs où se tenaient des gentils qui ne faisaient qu'assister à la réunion.

Ces gentils n'étaient pas des prosélytes : ils ne s'étaient pas convertis au judaïsme – compris ici comme culture. Mais, ils manifestaient un vif intérêt pour la Bible à la lecture de laquelle, chaque sabbat et probablement pendant plusieurs années déjà, ils prêtaient une oreille attentive. Dans le livre des Actes, ces gentils sont désignés par des expressions telles que « ceux qui craignent Dieu » et « les hommes pieux ». Paul semblait leur parler et les affranchir de l'idée selon laquelle ils devaient absolument devenir des prosélytes – c'est-à-dire épouser la culture juive – afin d'être acceptés de Dieu.

Voilà qui provoqua la fureur des anciens assis aux premiers rangs. Lorsque Paul revint au second sabbat, ils s'étaient naturellement préparés à le confronter. D'ordinaire, les anciens se levaient pour renforcer un point de vue ou donner une illustration ou, comme on pourrait le dire, soutenir celui qui se tenait au pupitre. C'était une marque de courtoisie typique et courante dans les synagogues. Mais dans ce cas précis, ces anciens ne le soutinrent pas. Ils le contredirent. Ils se levèrent, le défièrent et lui cherchèrent querelle. Pour finir, Paul prit sa « Bible Segond », descendit « le tapis rouge » qui menait à la sortie et quitta la salle, suivi par les personnes assises au dernier rang.

Pour les anciens de la synagogue, c'était un problème à prendre au sérieux. Et que firent-ils ? Il est dit que les Juifs le suivirent et tentèrent de le tuer. Ils crurent même l'avoir achevé. Ils traînèrent son corps hors de la ville conformément aux recommandations de la Loi vis-à-vis de laquelle, soit dit en passant, ils agissaient en toute droiture. Toutefois, ils manquèrent de le tuer. D'ailleurs, la lapidation est de loin un moyen efficace de tuer quelqu'un, car en fait, vous pourriez lapider une personne et la laisser pour morte sans qu'elle ne le soit en réalité. De toute façon, que Paul fût ressuscité des morts ou qu'il ne fût pas tout à fait mort, il est de fait que ce sont des Juifs qui attentèrent à sa vie. Ainsi, lorsque la volonté de Dieu empiète sur celle de l'homme, il se produit en général des étincelles. Ce dont Paul parle dans son message n'a rien à voir avec un quelconque rituel théologique propre à nous donner l'assurance du salut ou plutôt un ticket d'entrée au ciel à garder sur soi. Non ! Paul parle ici d'un style de vie tout à fait nouveau, un style de vie qui transcende toutes les époques de l'histoire terrestre.

Le fait de l'existence d'une opposition est très important. Mais il n'y a pas que dans ce passage-ci que nous trouvons une opposition à la volonté de Dieu. Pour ce qui est de Paul, il était très souvent soumis aux pressions et faisait face à plusieurs difficultés et dangers. D'ailleurs, il reste l'un des missionnaires les plus flagellés qui aient jamais vécu. Mais laissez-moi attirer votre attention sur la croix. Je suis vraiment troublé et sidéré par tous ces livres qui célèbrent la crucifixion, le sang de Christ qui y a coulé et le fait que nous disposions maintenant de tout ce dont nous avons besoin. Est-ce donc la seule valeur de la croix ? John Piper, un cher ami avec lequel j'ai partagé un déjeuner il y a quelques semaines de cela, a montré dans son livre de 50 chapitres portant sur les desseins divins révélés par la croix que la crucifixion a plusieurs significations. Sur la page de couverture de son ouvrage, il a indiqué que son livre ne portait pas sur les motivations, mais sur les desseins de Dieu. Lors de notre déjeuner, je me souviens lui avoir demandé ce qu'il pensait de mon point de vue sur le mérite de la croix. En effet, je pense que la croix met en évidence l'existence, dans ce monde, d'une force puissante et très cruelle qui s'oppose à Dieu : c'est cela le mérite le plus significatif de la croix. Cependant, il n'y a pas que la croix qui révèle la nature de notre ennemi.

Lorsqu'on lit Genèse 12, vous trouvez ce verset qui nous fait tous tant plaisir : « Je te bénirai…et toutes les familles de la terre seront bénies en toi » (version Segond revue). Ici, le mot « bénédiction » n'a rien à voir avec la définition actuelle que la langue française lui donne. Il signifie plutôt « je te ferai reprendre ton héritage », un peu comme Dieu aurait pu le dire de la bénédiction que Jacob avait ravie à Ésaü. Il ne s'agissait pas d'une boîte de chocolat ni d'une portion de terre ; non, c'était une responsabilité, une responsabilité permanente. Or, dans ce même passage, il est écrit : « Je maudirai ceux qui t'outrageront » (version Semeur 2000). Et pourquoi des gens l'outrageraient-ils ? À cause du principe d'opposition !

Allons encore plus en arrière, jusqu'à Noé ! Il est dit dans la version Darby que chaque homme faisait seulement et constamment le mal. La profusion du mal était telle que Noé était pratiquement la seule personne que Dieu pouvait choisir. Un peu plus loin dans les Écritures, il est dit que Lémec était prêt à se faire venger 77 fois si quelqu'un d'autre l'était 7 fois. Et Caïn ? D'où lui venait toute cette méchanceté ? Et que dire du serpent dans le jardin d'Eden ? L'homme fut créé et placé dans le jardin d'Eden pour y exercer premièrement un « mandat culturel » d'après lequel il devait prendre soin des animaux. Mais remarquez qu'à cette époque, il n'y avait pas encore de mal auquel se confronter et il n'existait pas de carnivore autant parmi les animaux que parmi les êtres humains. Il n'existait alors ni crise ni problème. Avec la chute d'Adam, ce mandat culturel fut, bien évidemment, modifié de manière radicale. À juste titre d'ailleurs, car il n'y avait pas de raison que ce mandat restât inchangé.

Aujourd'hui, il semble que l'homme doive exercer une sorte de mandat militaire – permettez-moi l'expression –, un mandat militaire incluant sans doute un mandat culturel. Pendant la Seconde Guerre mondiale que j'ai connue, chaque habitant des États-Unis, et pas seulement les militaires, était impliqué dans la guerre. Chaque personne devait justifier ses dépenses. Si vous alliez en promenade un dimanche sans un autre objectif que celui de faire plaisir à votre famille, vous pouviez alors recevoir une contravention de 50 dollars. Il vous fallait justifier chaque goutte d'essence que vous utilisiez. Vous ne pouviez plus vous permettre de vous acheter des bas en nylon parce qu'on avait besoin de nylon pour faire des cordons de parachutes, et ainsi de suite.

Alors que l'humanité entière est plongée dans une guerre mondiale et que toutes les charges liées au mandat culturel restent en vigueur, les futilités ne sont pas permises (quoique j'ignore si le mandat culturel énoncé dans le premier chapitre de la Genèse fait aussi référence aux futilités). De plus, la guerre exige généralement beaucoup de la population, entraînant des milliers et des milliers de personnes à la mort et faisant de nombreux blessés. Il est donc incongru que dans de telles circonstances, l'on se permette d'écrire un livre sur la nature particulière de la souffrance comme le font quelques-uns de nos théologiens. Et pourquoi nos théologiens le font-ils ? Parce que nous ignorons qu'une guerre est en cours ! Nous ne réalisons pas que nous sommes en état de guerre contre une puissance maléfique que nous devons continuellement combattre.

Le grand nombre de fois qu'on trouve l'expression « cela était bon » dans le premier chapitre de la Genèse est extrêmement significatif. Tout d'abord, la création dont il est question dans ce chapitre n'est pas celle des dinosaures qu'on ne peut tout de même pas qualifier de « bons ». La Genèse ne fait non plus allusion au choc effroyablement violent de toutes les formes de vie qui existèrent jadis, choc dont témoignent les multiples ossements que nous exhumons depuis 200 ans du sol. En 1812, l'on a déterré les restes d'une créature grande et vicieuse ayant l'apparence d'un crocodile, mais qu'on ne pouvait comparer à aucun animal contemporain. En fait, depuis cette date, l'on a déterré tant de types d'animaux qui n'existent plus sur cette planète en sorte que selon des calculs approximatifs, l'on sait aujourd'hui que la diversité du règne animal qui existe présentement ne constitue qu'un millième de la variété d'animaux qui existaient autrefois et dont les restes ont déjà été exhumés. Or, ces restes ne sauraient rentrer dans la création dont parle Genèse 1.

Notre prochaine leçon examinera plus en détail la question de savoir si ces restes sont ceux de la création décrite dans la Genèse. C'est une question assez intrigante pour moi qui de toute ma vie ai toujours essayé de mieux comprendre la Bible. Et l'une des choses qui m'arrive à intervalles réguliers, pas tous les jours, mais en tout cas chaque année, c'est qu'il y a toujours tel ou tel autre verset qui, avant, signifiait pour moi une chose, mais sur le sens duquel je me trompais. Dans ces cas, j'ai dû abandonner ce qui souvent me semblait précieux comme l'idée de voir en Esaïe 49 un appel à l'ordre missionnaire. Maintenant je sais que ce passage renvoie à quelque chose de plus inquiétant et sérieux que l'ordre missionnaire, aussi sérieux que ce dernier puisse être.

Ainsi, cette grande histoire polarise nombre de petits éléments; et j'espère que notre approche de toute cette grande histoire ne l'articulera pas en des épisodes incohérents. Nous essaierons de nous faire une meilleure idée sur le sens de toute cette histoire. Cependant, nous ne parviendrons pas à des conclusions définitives et absolues. Pour ma part, le moins que l'on puisse dire est que je ne suis pas prêt à m'en tenir aux conclusions absolues et définitives portant sur la plupart des choses abordées. Je fais seulement de mon mieux pour arriver à les comprendre. Et j'espère que vous pourrez m'aider à y arriver. Comme vous pouvez vous en douter, nous aborderons d'autres éléments intéressants.

Chapitre 1
DES ORIGINES DE LA VIE : MYSTÈRES ET CERTITUDES

Vous savez à présent que ce cours vise à atteindre ce qui pourrait sembler impossible. Il se peut que vous n'ayez jamais de toute votre vie été confronté à une idée aussi présomptueuse que celle de trouver dans l'information scientifique la plus récente au sujet de notre planète une explication globale des choses et de constater que cette explication n'entre pas en contradiction avec la Bible.

Il va de soi que tout cela relève non pas du domaine de la foi absolue, mais d'une interprétation sanctifiée. Et ce qu'il y a de passionnant dans cette idée, c'est que cette explication pourrait tout simplement être vraie. Parallèlement, si notre interprétation de la Bible est incorrecte, il ne vaut pas la peine de défendre notre méprise. Supposons par exemple que la Bible ne dise pas une chose en particulier, mais que nous croyions qu'elle le dise. Serions-nous honnêtes envers la Bible si pour mieux la défendre nous persistions à affirmer qu'elle dit des choses contraires à ce qui semble être des faits scientifiques ? S'il existe deux significations possibles d'un phénomène quelconque et que l'une s'accorde avec une vérité scientifique généralement acceptée, pourquoi choisirait-on de défendre celle qui s'y oppose ?

Je crois savoir que selon les dernières estimations – auxquelles j'ai d'ailleurs fait allusion dans la leçon précédente –, l'univers est venu à l'existence il y a 13,6 milliards d'années et qu'il s'est développé pendant 9,1 milliards d'années avant que la terre ne paraisse il y a 4,5 milliards d'années. Cependant, l'idée selon laquelle les premiers signes de vie sont apparus sur la terre il y a exactement 4 milliards d'années est pour le moins improbable pour la simple raison qu'il n'y a ni restes, ni ossements qui puissent provenir de ces minuscules êtres vivants pour l'attester.

Premier mystère : la matière

La science a son lot de mystères : comment l'univers, notre galaxie (une parmi des milliards), notre système solaire et notre planète sont-ils parvenus à l'existence ? Toutes les choses qui ont existé avant l'apparition de la vie constituent un ensemble immense et mystérieux d'une complexité impénétrable dans lequel on retrouve de la matière, des forces et des radiations.

La *matière* dont il est question ici est constituée de *molécules*. Ces dernières sont des composés structurés d'entités encore plus petites appelées atomes. Les atomes se présentent en quelque sorte comme des systèmes solaires infinitésimaux qui possèdent chacun un noyau autour duquel gravitent un certain nombre d'électrons, lesquels électrons correspondent au nombre de protons contenus dans le noyau. Même dans le noyau d'un atome se déroulent des phénomènes invraisemblablement complexes mettant en scène des protons et des neutrons entre lesquels passent des quarks. Il existe différentes façons de classer ces atomes, et chacune de ces façons est appelée tableau de classification périodique des éléments. Les atomes y sont classés dans l'ordre de grandeur. On a, entre autres, l'hydrogène qui est le plus petit avec 1 électron rotatif, l'hélium avec 2, le lithium avec 3, l'aluminium avec 13, l'oxygène avec 16, le plomb avec 82 et l'uranium avec 92. À partir de l'oxygène, les éléments ont désormais plus d'une orbite autour duquel gravitent leurs électrons.

La plupart de ces atomes n'existent pas de façon isolée, mais se constituent, comme je l'ai dit précédemment, en amas structurés. Et lorsqu'ils se groupent par milliers, ils peuvent former des roches, des flocons de neige, des cristaux, de l'eau, de l'air... Cette réalité prise dans son ensemble est appelée le monde inorganique. C'est un monde d'une complexité incroyable dont les structures infimes constituent le premier mystère.

Deuxième mystère : la vie

La deuxième réalité semble encore bien plus mystérieuse que la première : il s'agit de la vie. À la lumière des connaissances actuelles, elle n'existe que sur notre planète. C'est un phénomène tout aussi complexe dans lequel le rôle cardinal est joué par un seul atome : le carbone. En effet, toutes les formes de vie qui existent ne sont que des élaborations et des combinaisons contenant l'atome carbone.

Maintenant, permettez-moi d'aborder les questions de taille pour saisir la grandeur de ce mystère. Si un virus a la taille d'une balle de baseball, une bactérie serait équivalente au monticule du lanceur, tandis que la cellule aurait les dimensions d'un terrain de baseball et que le parasite serait aussi grand que toute une ville. Cependant, même le virus, qui est le plus petit d'entre ces quatre êtres, est souvent constitué d'un nombre élevé d'atomes pouvant atteindre les 10 millions.

La cellule, qui est comparativement bien plus grande et plus complexe, est pourtant si petite que l'on pourrait placer 200.000 cellules sur un point de fin de phrase sans qu'elles suffisent toutes à recouvrir ce point. Pourtant, aussi petites qu'elles soient – plus de 200.000 sur un point –, ces cellules contiennent chacune dans son noyau une molécule ADN. Cette molécule est composée d'une structure en double hélice à la fois longue et mince, complexe, mais merveilleuse. Cette molécule ADN, si elle était déroulée, pourrait en extension atteindre une longueur de plus d'un mètre et demi. Pourtant, elle est si fine qu'on pourrait la plier, l'enrouler et la comprimer à l'intérieur du noyau d'une cellule. Bien plus surprenant encore, souvent un tout petit virus possède en son sein une fibre d'ADN qu'il injecte dans la cellule après l'avoir attaquée.

Notez que les virus sont d'une très grande ingéniosité destructrice. On pourrait les comparer à des bombes. Elles se fixent sur les cellules, adhèrent aux particules d'ADN dont la masse se met désormais à reproduire des virus du même type jusqu'au point où la cellule éclate et meurt. Les bactéries, quant à elles, sont pour la plupart inoffensives bien que quelques-unes d'entre elles soient dévastatrices. En revanche, les parasites sont par définition des destructeurs nés, et leur intelligence énorme est proportionnelle à leur grande taille. Le ver gordien par exemple s'enfonce à l'intérieur de la sauterelle et dévore tout ce qu'il y trouve sauf un minimum d'organes qui permettront à sa victime de sauter. Pour finir, il crée des protéines qui simulent l'activité des cellules cérébrales de la sauterelle. Ces protéines vont à leur tour induire la sauterelle à sauter dans l'eau et se noyer pendant que le ver gordien s'échappera par la nage pour se multiplier ailleurs. Il est très difficile de croire qu'un être aussi intelligent que ce parasite soit un produit de mutations hasardeuses. Mais il est tout de même clair que dans ce cas précis, il ne s'agit nullement d'une bonne intelligence ; nous nous trouvons en face d'une intelligence maléfique.

Troisième mystère : les humains

Bien qu'il soit communément admis que la vie se soit développée sur la terre pendant un total de 4 milliards d'années, la grande majorité des fossiles découverts à ce jour nous viennent seulement d'il y a 500 millions d'années, soit après le début du Cambrien. Si l'on comparait les 4 milliards d'années de développement de la vie à une journée de 24 heures, la période de 500 millions d'années depuis le Cambrien, équivalant à un huitième de cette journée, correspondrait à une tranche horaire de trois heures de temps qui commencerait à 21 heures. Tandis que la période humaine ne représenterait même pas le quart d'une seconde de cette journée. Et même si les 500 derniers millions d'années étaient comparés à une journée de 24 heures, la période humaine n'y représenterait que les deux dernières secondes sur cette échelle.

Il y a bien plus intéressant encore ! Au cours de ces 20 dernières années, il y a sans doute eu plus de découvertes d'ossements et autres que durant tout le reste de l'histoire. En effet, l'exhumation d'ossements et d'objets fabriqués antiques est devenue une activité pratiquée à l'échelle mondiale par des milliers d'universitaires, auxquels s'ajoute un certain nombre de pillards et de faussaires.

Les dessins figurant dans les caves et les pointes de flèches nous donnent quantité d'informations sur le degré d'intelligence des formes de vie les plus primitives. Par exemple, nous connaissons mieux aujourd'hui les capacités de l'homme de Neandertal, dont les récents tests d'ADN ont fini toutefois par le classer dans la catégorie des préhumains.

L'apparition de l'homme

Aussi impressionnante qu'elle puisse paraître, rien de l'œuvre des formes primitives de la vie ne saurait être comparé au développement d'une agriculture délibérée, déterminée, patiente, intelligente et sélective dont les premières évidences datent seulement de 11.000 ans.

Partout dans le monde aujourd'hui, nous avons l'habitude de consommer – sans gratitude proportionnelle à l'effort de ceux qui les ont développées – des plantes telles que le riz, le maïs, le blé, les pommes de terre, etc. Pourtant, ces plantes sont des témoins muets du fait qu'il y a plusieurs milliers d'années, certaines formes d'intelligence avancée ont travaillé pendant très longtemps afin que ces plantes, pratiquement non comestibles au départ, puissent subir de profondes modifications génétiques et ainsi nous être aussi agréables.

Il y a également 11.000 ans que ces mêmes formes d'intelligence avancée ont soigneusement et habilement commencé à domestiquer des loups que l'on retrouve aujourd'hui sous la forme de 235 différentes espèces de chiens, lesquels sont d'une façon ou d'une autre des amis proches et bienfaisants des humains.

De plus, il faut ajouter que la plupart des découvertes de ces ères anciennes nous révèlent que, tout comme le reste de la nature, ces créatures humanoïdes étaient affreusement violentes et brutales… cannibales en fait.

Pour certains paléontologues, la découverte de ce type d'intelligence fondamentalement avancée est plus à même de déterminer de manière significative l'avènement de vrais hommes plutôt que l'étude des ossements fossiles. Aussi voudrais-je suggérer deux idées pour discussion : primo, l'on peut situer la première apparition de l'homme à partir des premières manifestations d'intelligence nécessaires à des modifications génétiques des plantes et des animaux, et secundo, toutes ces choses se sont déroulées bien avant l'apparition d'Adam.

Il nous est dit qu'Adam était un humain spécialement créé à l'image de Dieu, ce qui pour le moins pourrait signifier qu'il fut créé conformément au modèle que Dieu s'était fixé d'avance, avec entre autres caractéristiques celle d'être non carnivore. Ce n'est que bien après, toujours dans la Genèse, que nous voyons la descendance d'Adam passer à l'état de carnivores, après la chute de l'homme et la dégradation de ce qui avait été un nouveau commencement en Eden.

Somme toute, il est clair que cette violence aux manifestations destructrices que l'on pouvait observer jadis dans la nature tout entière était une perversion du but et du modèle originels de Dieu. Dans le même sillage, l'avènement d'Eden constitue donc un commencement nouveau, une re-création de ce but original, tel que révélé en Esaïe 11 où est décrite l'image du lion couché avec l'agneau, signe du triomphe ultime du plan de Dieu – se manifestant une fois encore par l'existence d'une vie non carnivore et non violente.

Quatrième mystère : l'évidence de l'existence d'une force d'opposition intelligente

Parvenus à ce point, il est important de relever deux choses : reconnaître, d'une part, que l'altération de la nature dans toute son ampleur est due à une force contraire intelligente ; reconnaître, d'autre part, qu'il s'impose à tous ceux qui de nos jours défendent la gloire de Dieu et la nécessité de se dresser avec sérieux à l'assaut continuel et global planétaire que mène la faune microbiologique contre le règne animal et humain.

Même s'il semble tardif de reconnaître ces deux faits aujourd'hui seulement, cela s'avère quand même capital pour toute mobilisation effective des Chrétiens contre la maladie aux sources de laquelle ils doivent désormais s'attaquer. Voilà qui définit un concept bien plus large de la mission, ce qui du reste demeure mon premier souci.

Et à moins que ces choses ne soient reconnues à l'échelle mondiale, nous serons toujours réduits et confinés à un Évangile dont le seul objectif consiste à amener des individus à obtenir l'assurance d'entrer dans le monde à venir tout en les préservant de tout problème pendant qu'ils vivent dans le monde présent. Selon cette compréhension communément répandue du christianisme, nous ne sommes pas en temps de guerre. Pire encore, beaucoup – avec tout leur bon sens – se demandent sincèrement comment un Dieu d'amour, un Dieu tout-puissant a créé, et continue de tolérer ou de fermer les yeux sur la violence, la souffrance et la maladie qui prévalent dans notre monde. Dieu serait-il dans l'attente d'une aide quelconque de notre part ?

Dans leurs tentatives d'appréhender le processus spécifique de la création de la vie, tous, théologiens et scientifiques butent contre une énigme. Celle-ci se complexifie davantage lorsqu'ils doivent tenir compte de cet autre facteur étrange que j'ai présenté précédemment : la présence manifeste d'une force contraire opposée à tout ce qui apparaît comme beau et bon. En effet, l'une des caractéristiques les moins évoquées, mais aussi les moins incontestables de la nature, est l'existence en son sein d'une force d'opposition envahissante qui altère, dégrade et détruit tout ce qui est bon, opposant l'animal et l'homme à leur semblable. De surcroît, cette force d'opposition va jusqu'à anéantir toute forme de vie animale et humaine par le biais de virus, de bactéries mortelles et de parasites excessivement intelligents.

Curieusement, ceux qui exhortent à reconnaître l'évidence d'un Dessein intelligent dans la nature – geste tout à fait louable – semblent ne pas remarquer qu'admettre une telle évidence pose un autre problème : celui-là même que posent ceux qui pensent que la présence de la violence dans la nature est le fruit d'une action divine plutôt qu'une œuvre satanique. Darwin, en revanche, trouvant étrange le caractère d'amour et de toute-puissance de Dieu face à la mort gratuite de sa petite nièce, au décès prématuré de son père et face à l'omniprésence de la violence et de la souffrance dans la nature, aboutit dans ses réflexions à la proposition d'une évolution purement naturelle et aléatoire. C'était sa façon à lui d'absoudre Dieu du blâme pour la présence évidente du mal observé dans la nature. Il aurait été plus facile pour lui de comprendre cette situation s'il avait sérieusement envisagé l'existence d'une intelligence maléfique opposée à Dieu. Les personnes adeptes du Dessein intelligent doivent reconnaître l'existence d'un dessein bénéfique et celle d'un dessein maléfique, si elles ne veulent pas maudire Dieu le Créateur.

Nous pouvons pleinement nous rendre à l'évidence de l'existence de ce mal virulent quand on observe les restes des premiers hominidés et humanoïdes, ou encore lorsqu'on pense à l'homme moderne qui manifeste un peu partout la perversité de son comportement criminel – tel que décrit mot pour mot en Genèse. Nous observons aussi ce mal dans l'omniprésence de la maladie avec ses manifestations destructrices. Si la re-création, telle qu'elle nous semble décrite en Genèse et en Esaïe 6 et 11 (où le lion se couchera avec l'agneau), reflète l'intention divine, alors il nous faut admettre volontiers que la nature telle que nous la connaissons aujourd'hui ne peut représenter ce qu'un Dieu d'amour, un Dieu puissant aurait eu l'intention de faire.

Or, si de dangereux loups ont pu être génétiquement modifiés par une reproduction sélective sur une longue période, alors des tigres mangeurs d'hommes peuvent l'être aussi. En l'admettant, je crois que cette procédure serait bien meilleure que les alternatives dont nous disposons de nos jours : les tuer ou les mettre en cage. J'ai lu qu'il reste 5.000 tigres sauvages dans le monde, pendant qu'ils sont 10.000 aux États-Unis à être temporairement utilisés comme animaux de compagnie. Je dis *temporairement* parce que traiter des loups ou des tigres avec sympathie ne change pas leur ADN. Tout autant que nourrir les hommes et les animaux uniquement de plantes ne les rendra pas herbivores.

Bien qu'en général mésestimée, l'altération génétique de la nature s'avère clairement être un problème grave que même les méthodes de modification du comportement et du régime alimentaire ne suffiraient pas à enrayer. Certes, une reproduction sélective et patiente sur plusieurs générations des organismes vivants peut apporter une différence, mais il demeure un procédé peu pratique comparé à l'épissage du gène. Par ailleurs, on peut attribuer à cette altération génétique l'existence du péché originel. Cela expliquerait pourquoi bien que la puissance de l'Évangile soit suffisante pour transformer des vies, l'homme a apparemment encore cette inclinaison indélébile vers le péché tel que Paul l'exprime en Romains 7.

Cinquième et sixième mystères

Dans les prochaines leçons, nous aborderons le mystère lié à la naissance des grandes civilisations – auxquelles des civilisations moins développées semblent toujours succéder. C'est le 5e mystère. Nous parlerons ensuite du 6e, le plus grand de tous les mystères, ce que Paul lui-même a appelé mystère : le programme abrahamique de reconquête de toute la création. Ces deux mystères constituent l'essentiel de l'histoire du reste de la Bible et du cours de l'histoire générale qui transcende les limites de la Bible.

Chapitre 2
LE PLAN BIBLIQUE ET L'ANNONCE DE L'ORDRE MISSIONNAIRE

Dans les deux précédentes leçons, nous avons parlé de six mystères différents : 1 – la matière, 2 – la vie, 3 – les humains, 4 – une force d'opposition intelligente, 5 – le déclin qu'elle a provoqué dans de grandes civilisations anciennes, et 6 – le nouveau commencement abrahamique. Nous avons à peine abordé ce dernier mystère.

Sixième mystère
Lorsqu'on observe la stratégie de Dieu, nous remarquons un principe de sélectivité. En effet, Dieu a intentionnellement choisi Noé pour le faire survivre à la destruction de cette partie du monde. Les fils de Noé se réinstallèrent par la suite dans tout le Moyen-Orient, puis Dieu choisit Abraham pour faire de lui le porteur de la foi et de la bénédiction pour le reste du monde.

Nous lisons ensuite qu'Isaac fut choisi au détriment d'Ismaël et que Jacob le fut à la place d'Ésaü. Après quoi, Moïse et Josué furent choisis par Dieu. Ensuite, on vit le royaume du Sud émerger plutôt que « tout Israël ». Plus tard, ce fut seulement au petit reste de revenir de la captivité tandis que les deux tiers restèrent à Babylone – en effet, jusqu'à l'avènement de Jésus, seul un tiers des Israélites étaient retournés dans la terre de leurs ancêtres. Nous observons aussi cette sélectivité dans le choix porté sur la Galilée-des-Gentils plutôt que sur Jérusalem, Nazareth et tous les autres endroits, et même dans le choix de Marie.

Nous interprétons souvent cette sélection divine comme une mise à part. Aussi sommes-nous quelque peu surpris par le fait que la Bible rapporte le jugement qu'Abimélec – homme qui était complètement en dehors de l'Alliance abrahamique – avait porté sur Abraham qu'il considérait comme immoral. Or, cela semble prouver que les récits que la Bible livre sur le peuple juif et sur son histoire sont fidèles et en même temps critiques. D'ailleurs, l'histoire qu'elle nous relate de ce peuple n'est pas toujours glorieuse. En guise d'illustration, relevons qu'une grande partie de la Bible décrit de manière presque exagérée la conduite répréhensible des Israélites. Ainsi, comme le remarque l'historien britannique Herbert

Butterfield (1981), le caractère unique de l'histoire des Juifs ne réside pas dans cette histoire en elle-même, mais dans son historiographie. Apparemment, la sélection divine visait autant sinon plus à donner un compte rendu à la postérité et aux autres nations qu'à accorder des faveurs exclusives à un ou plusieurs personnes.

Par ailleurs, la Bible ne contient pas toutes les choses que Dieu a dites et réalisées dans toutes les nations du monde. C'est un fait que nous n'avons pas toujours à l'esprit. Il est généralement admis parmi les Chrétiens que la sélection divine signifierait vraiment une mise à part ; une mise à part en vertu de laquelle Dieu se serait uniquement adressé aux Juifs, par le biais de leur tradition, mais jamais à ou par d'autres peuples. Une fois encore, nous pouvons nous rallier à Butterfield que pour ce qui est des Juifs : ce n'est pas le contenu de leur histoire qui est singulier, mais plutôt la perspective de sa narration.

En d'autres termes, la description extraordinaire et exceptionnelle que nous trouvons dans la Bible, malgré sa véracité admirable et son sens d'autocritique, ne vise pas à relater des événements uniques ou universels de toute l'histoire. Au contraire ! Elle décrit avec une précision déconcertante les expériences d'un peuple et sa façon d'appréhender les choses en fonction de chaque circonstance dans laquelle il se trouvait ; et c'est en cela que les perspectives bibliques sont uniques.

La Bible – quel genre de livre ?

D'entrée de jeu, il est important de nous rappeler qu'il y a une grande différence entre croire en l'inerrance de la Bible et croire en l'inerrance des interprétations de la Bible.

En ce qui concerne notre interprétation de Genèse (ou de quelque autre partie de la Bible d'ailleurs), il y a trois possibilités :
-Premièrement, il est possible que ce qui a été dit ait un sens à la fois pour l'homme qui l'a rédigé et pour ses auditeurs ou lecteurs ; ce cas est d'ailleurs assez répandu dans la Bible.
-Deuxièmement, que ce qui a été dit ait un double sens. C'est-à-dire que cela avait un sens dans le passé (au moment où le texte a été rédigé), mais que cela décrivait aussi quelque chose qui aurait lieu

dans le futur. Ce cas, un peu plus rare, s'observe par exemple dans le Nouveau Testament, chaque fois qu'un texte de l'Ancien Testament faisant allusion au Christ y est cité.

-Troisièmement, que ce qui a été dit n'était pas clair et n'avait aucune signification aux yeux de l'auteur et de son auditoire d'antan, mais décrivait seulement des choses qui se passeraient dans un futur inconnu de l'époque. Ce cas est extrêmement rare, sinon impossible à trouver dans les Écritures.

Pour ce qui est particulièrement du chapitre 1 de la Genèse, nous pouvons naturellement commencer par supposer que ce texte avait un sens aux yeux des anciens qui l'avaient écrit, qu'il ne renvoyait par conséquent pas à une cosmogonie inconnue de cette époque, mais qu'il avait une signification autre que celle que nous lui donnons aujourd'hui. En suivant cette logique, nous pouvons ensuite nous demander si nous autres, personnes modernes, n'avons pas de manière anachronique tenté de comprendre ce passage avec notre connaissance cosmologique actuelle, ou encore si nous ne nous sommes pas rendus coupables d'avoir essayé d'insérer des découvertes scientifiques dans le texte biblique. Si tel est le cas, notre tentative d'interprétation, quoique compréhensible et pardonnable, aura quand même obscurci le sens premier de ce passage biblique, le sens qu'il avait au moment où il fut écrit.

En effet, chaque fois que nous interprétons mal un verset, nous ne risquons pas seulement de commettre une erreur d'interprétation, mais nous dissimulons aussi ce que la Bible dit réellement au sujet de quelque chose d'autre.

Toutefois, cette logique ne nous impose pas de supposer que l'alliance abrahamique n'avait qu'une signification locale ; puisque – contrairement à Genèse 1 – nous n'avons pas, en ce qui concerne Genèse 12, à choisir entre un sens ancien d'événements qui ont eu lieu dans le passé et une nouvelle compréhension de ce texte à la lumière d'événements nouveaux tout à fait différents.

Pour ce qui est de la signification approfondie de l'alliance abrahamique, veuillez-vous référer au cours intitulé « Perspectives » où nous avons développé l'idée selon laquelle cette alliance constitue la première mention de l'ordre missionnaire de Matthieu 28. Or, j'estime qu'ici, il serait préférable d'examiner de près seulement deux aspects de cette idée.

Le lien avec le Nouveau Testament

L'ordre est mentionné trois fois en rapport avec Abraham (Gen. 12:1-3, 18:18, 22:18) et deux fois respectivement en rapport avec Isaac (Gen. 26:4-5) et Jacob (Gen. 28:14-15). Il est intéressant de noter que Gen. 28:15 est fort similaire à Matt. 28:20. Cette similarité n'apparaît pas clairement dans nos versions françaises de la Bible, étant donné que la traduction que nous avons de l'Ancien Testament fut faite à partir de l'hébreu. Mais dans la Bible de l'Église primitive, qui avait l'Ancien Testament en grec, la phrase du Nouveau Testament : « Et voici, je suis avec vous jusqu'à la fin », est presque mot pour mot celle qui se trouve dans Gen. 28:15.

Cette étroite similarité donne lieu de penser qu'en Matt. 28, Jésus paraphrasait consciemment « l'ordre missionnaire » de l'Ancien Testament tel qu'il avait été donné à Jacob ; d'autant plus que Jacob s'appelait aussi Israël, et que Jésus s'adressait spécifiquement aux enfants d'Israël – pas aux enfants d'Abraham. Mais, quelles que soient nos suppositions, nous pouvons retenir que l'ordre missionnaire ne date pas de l'époque néotestamentaire. Bien plus encore, Jésus n'est pas le seul à se référer aux textes de l'Ancien Testament parlant de l'ordre missionnaire. Dans Actes 3, Pierre cite ce texte : « Toutes les familles de la terre seront bénies en ta postérité».

Puis, Paul de dire dans Galates 3 : « Aussi l'Écriture, prévoyant que Dieu justifierait les païens par la foi, a d'avance annoncé cette bonne nouvelle à Abraham : toutes les nations seront bénies en toi ! » (Verset 8) Alors que nous examinons ce verset, il nous faut d'emblée remarquer que la foi d'Abraham dont Paul parle ici n'est pas ce que nous appelons avec désinvolture une « connaissance salvatrice de Christ », si du moins cette expression désigne une connaissance intellectuelle. Dans la Bible, la foi est intimement liée à l'obéissance. En effet, Paul parle d'amener à l'obéissance de la foi tous les païens en Rom. 1 :5. Or, la foi salvatrice d'Abraham n'impliquait aucunement une quelconque connaissance intellectuelle approfondie de Christ. D'ailleurs, Paul résume l'Évangile qui lui fut prêché simplement en une bonne nouvelle pour toutes les nations. Cela veut dire que l'Évangile a pour socle le sang de Christ et le seul nom sous les cieux par lequel nous devons être sauvés, mais le message de l'Évangile est en fait la bonne nouvelle que les païens – non pas exclusivement Israël – sont et ont toujours été accueillis par Dieu.

La « bénédiction »

La traduction française courante du passage « et je te bénirai… et toutes les familles de la terre seront bénies en toi » s'accommode parfaitement avec notre Évangile de prospérité moderne. Une fois encore, nous lisons d'habitude dans le texte ce que nous voulons qu'il signifie. Et dans ce cas, en particulier, c'est le terme « bénédiction » qui déroute. En hébreu, ce terme est le même qui est utilisé dans le livre de la Genèse à plusieurs reprises, mais avec des significations différentes. Par exemple, lorsqu'il est dit que Jacob fut « béni », non pas Ésaü, cela ne signifiait pas simplement que ce fut lui qui hérita le pays ; cela signifiait qu'il lui revenait de porter les nombreuses responsabilités de son père, désormais trop âgé pour ce faire. Cela faisait de lui la principale personne à laquelle il incombait désormais de porter le nom de la famille. Du coup, il devenait officiellement enraciné dans la lignée de son père bien plus qu'auparavant.

Mais pour nous aujourd'hui, la seule différence qui existe entre ces deux sens du mot « bénédiction » est celle qu'il y a entre obtenir un billet pour le ciel – grâce auquel nous pouvons nous tirer d'ici – et hériter d'une relation permanente avec la famille céleste avec tous les droits et les privilèges que cela comporte. Or, même cette relation permanente avec la famille céleste est censée nous rappeler les paroles que Jésus nous a dites : « Comme le Père m'a envoyé, moi aussi je vous envoie ». Comme nous l'avons vu plus haut, cette « bénédiction », cette nouvelle naissance nous introduit dans un royaume en pleine guerre et pas seulement à l'abri, dans un char, en attendant le ciel. Pourtant, au milieu de la pauvreté, de l'oppression et même de la famine, les Chrétiens ont tendance à chanter au sujet du monde à venir. Et même les évangéliques d'autrefois, dans leurs jours les moins glorieux, avaient l'habitude de chanter :

Je suis un passager dans ce monde étranger ;
Mes trésors sont au ciel auprès de mon Berger ;
Les anges m'attendent donc aux portes des cieux,
Je ne suis plus à l'aise, dans ce monde odieux.

Mon Dieu m'a pardonné et Il m'a affranchi,
Je marche dans Sa grâce, tous les jours de ma vie,
[Aucune trace d'une guerre à mener « ici-bas »]
Jésus m'accueillera donc aux portes des cieux,
Je ne suis plus à l'aise, dans ce monde odieux.

On ne peut cautionner cette fixation passive de l'autre monde, d'autant moins que nous réalisons de mieux en mieux le grand engagement qui nous est demandé pour être des membres loyaux de la famille de Dieu, loyaux envers un royaume en guerre ici et maintenant, qui s'efforcent de rétablir les faits quant à la personne et à la nature de Dieu, et de rendre à nouveau gloire à Son nom.

En d'autres termes, Adam et sa lignée sont devenus des survivants, et non – à moins d'être spirituellement nés de nouveau – des soldats en guerre contre Satan. Une fois « sauvés » ou « nés de nouveau », nos noms sont « inscrits » dans les cieux dans le « livre de vie de l'agneau », mais il se peut que nous ignorions le fait qu'en même temps, sur terre, nous soyons « enrôlés » pour combattre, comme Paul le dit, « non contre la chair et le sang, mais contre les dominations, contre les autorités, contre les princes de ce monde de ténèbres, contre les esprits méchants dans les lieux célestes ».

Par conséquent, il ne s'agit pas simplement d'amener l'homme au ciel, mais de faire descendre le ciel parmi les hommes. Et ceux qui sont enrôlés, mais qui ne prennent pas part au service, sont considérés comme des *absents sans permission*[1]. Lorsque Jésus nous dit de prier en ces termes : « que ton règne vienne, que ta volonté soit faite » et lorsqu'il nous assure que « les portes de Hadès ne tiendront pas contre elle (l'Église) » (Bible de Jérusalem) – c'est-à-dire que les fortifications de l'enfer ne résisteront point à la destruction des œuvres du diable – nous avons tendance à répondre simplement par « Hum ! Je pensais que le but de l'Église était de pourvoir à mes besoins et à ceux de ma famille ». Il est évident qu'en

---

[1] NDT: du jargon militaire américain « AWOL: Absent Without Leave »

temps de guerre, les soldats puissent manger, dormir et avoir tout ce qu'il faut pour couvrir leurs besoins fondamentaux, mais ils restent aussi engagés dans une entreprise de laquelle ils sortiront blessés ou morts. D'ailleurs, Jésus ne dit-il pas à ce sujet : « Car celui qui voudra sauver sa vie la perdra, mais celui qui perdra sa vie à cause de moi et de la bonne nouvelle la sauvera » ? Nous pouvons donc réaliser qu'être *absent sans permission* ne peut nous procurer plus de sécurité que rester avec ses troupes et combattre le bon combat de la foi.

Chapitre 3
SUR LES TRACES DE L'HISTOIRE BIBLIQUE : PREMIÈRE PARTIE

Depuis ma tendre enfance, j'ai été continuellement abreuvé par un nombre infini d'histoires tirées de la Bible, d'abord à l'école du dimanche, puis pendant les sermons à l'église. Aussi me suis-je rapidement familiarisé avec des personnages clés tels que le bon Samaritain, Pierre, Moïse, David, Abraham. Ce que j'ignorais cependant, c'est qu'ils étaient tous des acteurs d'une seule et même pièce. J'ignorais aussi qui d'Esaïe, de Moïse, de David ou de Job venait avant l'autre. En fait, l'idée que la Bible était une seule et grande histoire ne m'avait jamais traversé l'esprit.

Avec le temps, je remarquai que l'histoire de la vie de Christ était narrée de façon répétitive dans les évangiles. Puis je notai l'entrée en scène de l'apôtre Paul avec ses nombreuses lettres dont je ne sus jamais laquelle fut écrite en premier. Finalement, mon intérêt se porta sur Jean et sur le livre de l'Apocalypse : j'en conclus que Jean venait en dernière position.

Par ailleurs, tout l'Ancien Testament n'était que confusion pour moi. Je présume quand même que je devais savoir que la Genèse venait au commencement de toutes choses, mais pour le reste, tout n'était qu'une grande nébuleuse.

Pendant ma formation au *Princeton Theological Seminary,* alors que j'étais dans la vingtaine, je fréquentais une église locale dans laquelle je dispensais un cours pour adultes. Là, j'eus pour la première fois l'idée qu'il serait possible de raconter l'histoire de tout l'Ancien Testament en 60 secondes seulement.

Tous les participants à mon cours apprirent à le faire. J'ignore ce que cela procura à chacun d'eux, mais je sais que cela me fut d'une grande utilité. Mon récit débute par Abraham lequel partit d'Ur pour se rendre dans la terre promise. À cause d'une sécheresse, il est forcé de descendre en Égypte d'où Moïse et les enfants d'Israël sortiront 400 ans plus tard. Après 40 ans d'errance dans le désert, Josué fait de nouveau entrer le peuple dans la Terre promise. Puis s'ouvre une ère de 400 ans de confusion appelée celle des Juges.

Ensuite advient Samuel qui à contrecœur choisit un roi (pour Israël) ; et puis David et toute sa suite. Alors viennent la sécession des tribus du Nord et leur captivité par les Assyriens. Finalement, après une ère de Rois de 400 ans, le royaume du Sud est déporté à Babylone. La naissance de Jésus met fin à une autre période de 400 ans consécutive à la fin du royaume du Sud. C'est au cours des 70 dernières années de cette autre période que se fit, au compte-gouttes, le retour sur la terre d'Israël de seulement un tiers des captifs de Babylone.

Voilà qui est fait en à peu près 60 secondes. Avec le temps, en grandissant dans les églises ayant développé des perspectives missionnaires, j'ai acquis la conviction qu'il se trouvait dans l'Ancien Testament des versets clés qui parlaient de la mission. Aussi me parut-il évident – mais pas très clairement – que Dieu avait toujours été préoccupé par la mission et, qu'apparemment, il n'attendait que l'avènement de Christ pour mettre le train en marche.

Parmi ces versets clés se trouvait Esaïe 49 :6, texte à partir duquel je commençais à prêcher un peu partout. Il me semblait avéré que ce verset exprimait la vérité suivante : la question du retour des enfants d'Israël esclaves à Babylone sur leurs terres était d'une importance secondaire face à la nécessité d'envoyer des missionnaires jusqu'aux extrémités de la terre. Je n'avais pas vraiment réalisé au cours de toutes ces années que l'expression « extrémités de la terre » désignait en fait le lieu de leur captivité. « C'est peu que tu sois mon serviteur pour relever les tribus de Jacob et pour ramener les restes d'Israël : je t'établis pour être la lumière des nations, pour porter mon salut jusqu'aux extrémités de la terre » (version Segond, édition revue). Cela ressemble à un verset à portée missionnaire, n'est-ce pas ? Seulement Dieu (en réalité) voulait que les enfants d'Israël portent leur témoignage à ceux qui les tenaient en captivité – ce qui probablement devait leur être très difficile, bien plus difficile que d'envoyer des missionnaires ailleurs, au loin. En effet, la terre désignait dans ce verset la plaine tandis que les extrémités de la terre renvoyaient à la région des montagnes de la Turquie et de l'Iran actuels limitant cette plaine. Cette découverte changea radicalement ma compréhension des choses !

Un autre passage clé de l'Ancien Testament à portée missionnaire était le psaume 67, notamment le verset 7 où il est dit :

« et tous les bouts de la terre le craindront » (version Darby).

Cependant le verset qui a provoqué le plus grand bouleversement dans ma façon de penser provient de Genèse 12 où, comme nous l'avons vu dans la leçon précédente, le concept de mission est réitéré cinq fois. Selon ce passage, toutes les familles de la terre doivent rentrer dans la famille de Dieu.

Nous avons donc un développement continu qui va d'Abraham à Christ. Selon le commentaire de Martin Luther sur la Genèse, Abraham fut à l'époque primitive un témoin pour sept peuples du voisinage.

Puis, pendant l'époque de la captivité en Égypte, Dieu avait pour objectif missionnaire d'atteindre le peuple égyptien. Qui sait ce qui s'y est concrètement passé ? Il est du reste avéré que le contenu de certains documents découverts dans la tombe du roi Tut se retrouve apparemment dans les psaumes, même si cela semble bien plus tard.

Si la période des Juges ressemble davantage à une croisade qu'à une mission de témoignage auprès des peuples environnants, il n'y a en revanche aucun doute sur le fait que la plupart de ces nations environnantes ont acquis à cette époque une réelle crainte du Dieu d'Israël.

Pendant la période des Rois, nous voyons la reine de Séba qui vient s'instruire auprès de Salomon ; nous lisons aussi que Naaman le Syrien vient en Israël chercher la puissance de la guérison auprès du Dieu d'Israël ; et nous voyons Jonas envoyé à Ninive.

Puis, consécutivement à leur captivité à Babylone, les Israélites sont censés apporter le salut à leurs propres ravisseurs, comme nous avons vu dans Esaïe.

Bien évidemment, les tribus du Nord constituent le chaînon manquant de toute cette histoire. Nous ignorons ce qui leur est arrivé, mais nous savons du reste qu'au temps de Jésus (comme Pierre l'a dit dans les Actes des Apôtres), Moïse était prêché dans toutes les cités de l'Empire romain. Peut-être que certains ressortissants de ces tribus du Nord faisaient partie de cette diaspora (ou dispersion) répandue dans l'Empire.

Il semble que Dieu, par un dispositif d'allers et de venues volontaires ou involontaires, ait poursuivi son programme missionnaire, que son peuple ait pleinement compris ce qui se passait ou non.

Il en est de même aujourd'hui où la majorité des croyants « vivent, se meuvent et sont »[2] sans vraiment avoir conscience de l'existence des magnifiques projets divins. C'est la raison pour laquelle Paul, après avoir passé trois ans en Arabie à revoir sa compréhension de la Bible, se résolut à parler du plan de Dieu conçu depuis les âges comme d'un « mystère ».

Ainsi, il se souvenait sans doute de son ignorance antérieure et de l'ignorance générale de ce plan auprès de ses auditeurs. Voilà pourquoi il résolut de parler de ce plan comme d'un mystère. Mais cela n'en était manifestement pas un. Aujourd'hui encore, on assiste au même scénario ; ce plan ne devrait pas être un mystère pour nous, mais c'en est un.

Il est fort regrettable de constater que l'ensemble des plans divins sont soit inconnus, soit presque totalement ignorés des Chrétiens de l'Église contemporaine. Cette triste réalité montre combien un cours comme celui-ci est important.

En parcourant vous-mêmes tout l'Ancien Testament, vous y verrez tout au long de votre lecture et à plusieurs reprises, des indices de ce plan si large. L'un des plus évidents se trouve dans Exode 19 où Dieu, s'adressant à Moïse, déclare à partir du verset 4 :

> Vous avez vu ce que j'ai fait à l'Égypte, et comment je vous ai portés sur des ailes d'aigle et amenés vers moi. Et maintenant, si vous écoutez attentivement ma voix et si vous gardez mon alliance, vous m'appartiendrez en propre d'entre tous les peuples ; car toute la terre est à moi ; et vous me serez un royaume de sacrificateurs, et une nation sainte.

---

[2] NDT : en référence au passage d'Actes 17 :28 (version Darby).

Le passage du Nouveau Testament qui fait allusion à ce verset se trouve dans 1 Pierre 2 :5 où l'apôtre déclare :

> Vous-mêmes aussi, comme des pierres vivantes, êtes édifiés pour être une maison spirituelle, une sainte sacrificature, pour offrir des sacrifices spirituels, agréables à Dieu par Jésus-Christ.

Si vous arrêtez votre lecture à ce niveau, vous aurez l'impression qu'il est simplement question dans ce passage de la doctrine de la Réformation sur la sacrificature de tous les croyants. Cependant, Pierre continue au verset 9 :

> Mais vous, vous êtes une race élue, une sacrificature royale, une nation sainte, un peuple acquis, pour que vous annonciez les vertus de celui qui vous a appelés des ténèbres à sa merveilleuse lumière.

Cette déclaration-ci ne contredit pas l'idée issue de la Réforme selon laquelle, en tant que prêtres, nous avons un accès direct auprès de Dieu ? Mais elle met en relief le plus grand devoir assigné à notre sacrificature : annoncer les vertus de Celui qui nous a appelés des ténèbres à sa merveilleuse lumière. On peut donc dire que le sens missionnaire d'Exode 19 est contenu et conservé dans la déclaration de 1 Pierre 2.

L'existence d'un plan distinct se manifestant dans la Bible, à partir de Genèse 12, est assez facile à établir. Et au cours de ces dernières années, j'ai même pu m'en faire une idée plus large, mais bien plus difficile à se représenter, d'un autre plan incluant désormais les faits antérieurs à Genèse 12. Il est évident que lorsqu'on arrête notre réflexion sur ce sujet, on ne se sente pas poussé à supposer qu'en Genèse 12, Dieu se mettait à amorcer avec Abraham l'exécution d'un plan tout à fait nouveau. Car quel plan merveilleux engloberait tous les événements de la Bible, non pas seulement à partir de Genèse 12, mais à partir de Genèse 1 :1 ?

L'une des raisons pour lesquelles nous avons du mal à établir un lien entre les onze premiers chapitres de la Genèse et la suite est due à notre héritage culturel. Cet héritage vient pour la plupart d'entre nous de la Réforme, une période pendant laquelle le souci majeur était de trouver le moyen de parvenir au ciel. Alors que les catholiques semblent avoir enseigné la nécessité de faire des œuvres pour entrer au ciel ou même pour s'y acheter une place, les protestants ont plutôt insisté sur le fait qu'il faille croire pour entrer au ciel. Je pense qu'en mettant l'accent sur le fait de croire, les protestants étaient bien plus proches de la vérité ; quoique leur accent sur la foi ait bien souvent fait référence, non pas la nécessité de croire avec le cœur comme le dit la Bible, mais une simple « croyance en certaines doctrines ». Bien sûr, les catholiques n'ont pas tout à fait tort de mettre une emphase sur les œuvres, car, bibliquement, on ne peut séparer la foi du cœur de l'obéissance du cœur. En fait, ce sont deux faces d'une même pièce.

Ainsi donc, les protestants ont dans un certain sens donné une meilleure réponse à la mauvaise question, celle que l'on se pose sur le meilleur moyen pour aller au ciel. Or, cette question n'est pas au centre de l'Écriture. Jésus va même jusqu'à dire : « Car celui qui voudra sauver sa vie la perdra, mais celui qui perdra sa vie à cause de moi et de la bonne nouvelle la sauvera ». La réponse protestante était donc la meilleure, mais à la mauvaise question ou du moins à une question de moindre importance.

Mais revenons à notre texte. Si Genèse 12 est uniquement vu comme le point de départ d'une vaste campagne visant à transporter les gens de notre planète au ciel, alors les onze chapitres précédents ne peuvent s'intégrer à l'ensemble de la Bible.

Mais si, comme nous l'avons vu dans la leçon précédente, la bénédiction de Dieu par le biais d'Abraham introduit de fait ceux qui la reçoivent dans un monde en guerre, alors on peut aisément constater que cette guerre a effectivement commencé dès Genèse 1 :1. C'est peu après que nous connûmes notre première défaite au cours de laquelle Satan séduisit Adam et Eve. À cela, Dieu riposta avec le choix de Noé et l'élimination d'une génération méchante. Puis advint le choix qu'Il porta sur Abraham, choix devant être perçu comme une autre manifestation de Son « principe de sélection ». Ce choix porté sur Abraham marque un commencement nouveau, le début d'une scène qui sera jouée dans tout le reste de la Bible, puis tout au long des siècles suivants pendant lesquels le royaume de Dieu s'agrandira.

En conséquence, le thème qui joint intimement la Bible n'est pas simplement la rédemption des hommes, mais leur rédemption en vue de mener une guerre contre le mal. Il n'est pas nécessaire de rechercher des indices de l'existence de cette guerre dans les prières de David et dans celle que fit Salomon à la dédicace du temple. En effet, il serait difficile de ne pas remarquer que le fait d'être délivré de la main de leurs ennemis y occupe la place la plus importante ; tandis que le souci de Dieu pour l'« étranger », bien que présent, y est très marginal.

Par ailleurs, le peuple élu n'est pas forcément le seul peuple sur la terre qui cherchait la face de Dieu. En effet, même pendant la captivité babylonienne, Israël a été à la fois le canal et l'objet de bénédictions divines. Or, cette captivité est restée à leurs yeux une punition plutôt qu'une opportunité de témoigner ou encore une occasion de comprendre plus clairement l'opposition continue et intelligente de Satan. Certes, ils ont au cours de cette captivité témoigné de leur foi et beaucoup appris, mais en gardant une préoccupation prépondérante de leur propre situation, de leur propre pays, etc. (voir Esaïe 49 :6).

Afin de mieux aborder la prochaine leçon, il convient de souligner une grande différence entre le Nouveau et l'Ancien Testament. Dans Genèse, Joseph dit à ses frères : « Ce n'est pas vous qui m'avez envoyé ici, mais c'est Dieu ». Cela est une illustration du fait que, pour un événement quelconque, l'Ancien Testament observe souvent les choses à partir du point de vue de Dieu. L'affirmation de Joseph ne nie pas les agissements passés de ses frères ; c'est juste une autre façon de considérer ces agissements.
Quelque chose de similaire existe concernant le dénombrement de David. Nous apprenons dans 2 Samuel 24 :1-25 que ce fut Dieu qui « incita » David à commettre ce mal. Les mêmes 25 versets réapparaissent mot pour mot, plusieurs siècles après, dans un tout nouveau document, 1 Chroniques 21 :1-25, ou la seule différence fut que le texte affirme que ce fut Satan qui « incita » David à commettre le mal.

Relevons ici que les Chroniques ont été écrites après la captivité babylonienne. Il est donc possible que les théologiens Juifs aient eu l'esprit plus avisé au sujet des manifestations de la personne de Satan pour avoir été un certain nombre d'années en contact avec la philosophie dualiste des Zoroastriens qui admet l'existence de deux dieux égaux, l'un bon et l'autre méchant.

Les Juifs ont certes rejeté ce dualisme, mais ont dû reconnaître, plus clairement qu'auparavant, l'existence d'une personne qui s'oppose et détruit les œuvres divines. Dans l'Ancien Testament, le terme « Satan » apparaît plus de 20 fois ayant surtout le sens d'« adversaire » ; sauf dans 1 Chroniques et dans Job où ce terme désigne une personne méchante. Lorsque Jésus appela Pierre « Satan », Il voulait sans doute dire que Pierre était un adversaire. Cependant, dans le Nouveau Testament, le terme « Satan » renvoie souvent à un être intermédiaire méchant qui s'active à détruire les œuvres de Dieu et partant, Sa réputation.

L'expérience babylonienne a donc provoqué une différence frappante entre la perspective de l'Ancien Testament et le point de vue du Nouveau Testament au sujet du mal, lequel présente dans de nombreux passages l'existence de Satan en tant que personne, ce qui est rarement le cas dans l'Ancien Testament. Nous n'en sommes ici qu'à la première partie, la suite devra attendre la prochaine leçon.

Chapitre 4
SUR LES TRACES DE L'HISTOIRE BIBLIQUE : DEUXIÈME PARTIE

Les lectures à faire pour cette leçon contiennent plusieurs références détaillées sur le thème de la mission dans la Bible. Cependant, au lieu de les résumer simplement pour vous, commençons aujourd'hui par une façon inhabituelle d'étudier la Bible. La plupart des spécialistes de la Bible n'utilisent pas cette méthode. Il se peut que ces spécialistes ne soient pas familiers avec les rudiments d'arithmétique requis pour ce faire. Je fais allusion ici à ce que les mathématiciens désignent par l'expression intimidante de « croissance exponentielle ». C'est un procédé d'accroissement que l'on retrouve exactement dans le calcul des intérêts d'un investissement, dans le calcul de la croissance d'un pays, d'une ville, d'une assemblée ou dénomination ecclésiastique. En ce qui nous concerne, nous nous intéresserons avant tout à la croissance du peuple juif. Il est très utile de connaître le processus. Il est particulièrement crucial pour les pasteurs en Inde où des milliers de croyants sont continuellement endettés à cause des taux d'intérêt qu'ils ont du mal à calculer.

Prenons quelques exemples : supposons que votre compte en banque de 100 dollars ou votre Église de 100 membres croisse de 2%. Combien de dollars ou de membres aurez-vous donc ? Vous pouvez simplement ajouter 2 à 100 puisqu'un accroissement de 2% correspond à 2 membres ou 2 dollars pour 100. Mais supposons que le nombre initial soit 200. Quel serait alors le nombre total avec 2% en plus ? Une fois encore, il semble que ce soit 4 de plus, ce qui fait un total de 204. Dans l'hypothèse que le nombre initial est 300, quelle serait la valeur des 2% en plus ? Pour calculer cela, vous devez finalement multiplier 300 par la décimale 0,02, ce qui fera 6 que vous ajouterez à 300 pour avoir un nouveau total de 306. En avançant à une autre étape, vous réaliserez que si vous multipliez 300 par 1,02, vous obtiendrez directement 306. Dans le cas où votre congrégation croît de 2% pendant un an et de 1% seulement au cours de l'année suivante, vous pouvez vous y prendre en multipliant d'abord par 1,02 et ensuite par 1,01, ou encore directement 300×1,02×1,01, ce qui donne 309,06.

Maintenant supposons que vous n'envisagiez pas un

changement de taux par année. Supposons plutôt que vous vouliez trouver un résultat d'une moyenne ou un taux d'accroissement régulier pendant une période de cinq ans.

Dans ce cas, avec un nombre initial de, disons 1.000 $, vous avez 1.000×1.02 ou 1.020 $ la première année.

La deuxième année, nous avons 1.020×1.02 donc 1.040,40.

La troisième année, nous avons 1.040,4×1.02, donc 1.061,208 arrondi à 1.061,21. Et ainsi de suite.

Seulement ce procédé peut sembler ennuyeux. Aussi peut-on l'écrire pour les cinq ans ainsi qu'il suit : 1.000×1,02×1,02×1,02×1,02×1,02. Mais pas de crainte ! Cela peut aussi s'écrire de façon abrégée : $1.000 \times (1,02)^5$ donc 1.104,08. [Notez que le petit « 5 » signifie que vous multipliez le premier nombre 5 fois par ce qui est entre parenthèses. Ce petit nombre est appelé « exposant » d'où l'expression effarante de « croissance exponentielle ». On dit aussi « nous élevons 1,02 à la « puissance » 5. Qu'importe le nom de ce nombre abrégé, nous n'avons pas besoin de lui donner un nom].

Prenons un exemple bien plus utile.

Si vous commencez avec 70 personnes au lieu de 1.000 $, et utilisez un taux d'accroissement de 2% par année pendant 400 ans, vous aurez $70 \times (1,02)^{400}$, donc 192.829,51.

Cette dernière illustration semble décrire ce qui arriva à la descendance d'Abraham qui partit en esclavage en Égypte. Mais vous constaterez que le résultat n'approche nullement les 2 millions de personnes. Mais, à supposer qu'ils crussent à 2,66%, dans ce cas, nous aurons 70 personnes$\times (1,0266)^{400}$, ce qui donne 2.544.497 (arrondi).

Bien entendu, la question qui se pose immédiatement est : « un taux d'accroissement de 2.66 personnes (pour 70 personnes pendant 400 ans) est-il raisonnable ? » Dans sa publication *The Pocket World in Figures* de 2006, le magazine *The Economist* dresse une liste de 20 pays avec un taux d'accroissement de 2,85% et plus. Si les enfants de Jacob avaient crû de 3,5%, ils seraient : $70 \times (1,035)^{400} =$ 66.257.944 ; cela aurait donné 66 millions, pas seulement 2,5 millions !

Naturellement, si 70 « personnes » descendirent en Égypte, il se pourrait que seuls les adultes aient été dénombrés. Si un nombre équivalent d'enfants les avait accompagnés, ils n'auraient pas eu besoin de croître de 2,66%.

Remarquez cependant que l'on observe une augmentation explosive dans les résultats avec juste 0,85% de taux d'accroissement qui sépare 2,66% et 3,5% ! Cet écart est assez significatif autant pour ses effets sur les taux d'intérêt que sur le taux d'accroissement de la population.

En ce qui concerne le séjour en Égypte, les spécialistes qui sont encore dubitatifs sur les chiffres démographiques dont parle le livre d'Exode ont donc simplement besoin d'un peu d'arithmétique pour constater à quel point les chiffres de l'Exode peuvent être réels.

Prenons une deuxième illustration dans laquelle l'intuition non arithmétique mène à l'erreur. Il s'agit de la polémique autour du nombre de Juifs se trouvant dans l'Empire romain à l'époque du Christ. Adolph Harnack (1908), autrefois l'un des plus grands historiens de l'Église, pensait que les Juifs formaient 10% de la population de l'Empire romain au temps de l'apôtre Paul. Cela veut dire que si la population de l'Empire romain s'élevait à 100 millions de personnes (chiffre généralement accepté), la population juive aurait été de 10 millions.

Les critiques se sont demandé comment il aurait pu s'y trouver autant de Juifs. D'où seraient-ils venus ? Certains ont affirmé que cela n'aurait jamais pu être le cas. D'autres comme Rodney Stark (1997) ont suggéré que les Juifs auraient certainement pu faire un grand nombre de convertis pour former nombre aussi important. En général, le chiffre de 10 millions n'est pas mis en doute. La question est plutôt : comment en est-on arrivé là ?

Une fois encore, avec un peu d'arithmétique, il est possible de voir comment il serait facilement possible d'atteindre les 10 millions de, disons, 586 av. J.-C. à l'an 14 apr. J.-C. avec seulement 26.000 comme nombre de départs et 1% de taux d'accroissement pendant 600 ans : $26.000 \times (1,01)^{600} = 10.181.168$.

Si les Juifs avaient crû de 2,5%, ils auraient seulement eu besoin d'avoir été 4 personnes 600 ans plus tôt puisque $4 \times (1,025)^{600} = 10.873.747$.

Il n'est pas certain que ces suggestions de taux d'accroissement, que ce soit 1% ou 2,5%, reflètent vraiment la réalité de cette époque. Néanmoins, ces exemples prouvent qu'il ne serait pas invraisemblable que les Juifs, qui en général sont supposés avoir beaucoup de ménages stables, eussent atteint au temps de Jésus le nombre de 10 millions.

Toutefois, il serait utile de savoir comment procéder à ce type d'opérations arithmétiques. Tout ce dont vous avez besoin, c'est une calculatrice de poche, du genre qui possède une touche XY (ou dans certains cas YX). Prenez alors un de nos exemples et procédez ainsi :

1. Tapez le nombre initial 70
2. Appuyez sur le signe de la multiplication ($\times$)
3. Tapez 2,66% dans sa forme 1,0266
4. Appuyez la touche Xy
5. Entrez, disons, 400 ans
6. Tapez le signe de l'égalité (=)
7. Vous obtenez 2.544.497.

De la même façon, si vous voulez savoir ce que 1.000 $ deviendraient en dix ans avec un taux d'accroissement de 4,7%, vous

1. Tapez 1.000
2. Appuyez la touche de multiplication ($\times$)
3. Tapez 1,047
4. Appuyez sur la touche Xy
5. Tapez 10
6. Appuyez sur la touche d'égalité (=)
7. Vous obtenez 1.582,95$.

Maintenant, supposez que vous voulez connaître le taux d'intérêt (ou taux d'accroissement) d'une croissance allant de 3.000 à 10.000 en 25 ans.

1. Tapez 10.000
2. Appuyez sur la touche de division (/)
3. Entrez 3.000, puis égal (=)
4. Appuyez sur la touche *shift*, ensuite la touche Xy
5. Tapez 25
6. Appuyez sur la touche (=)
7. Vous obtenez 1,049, c'est-à-dire 4,9%.

Ce calcul pourrait s'écrire ainsi (10.000/3.000) [1/25]
[Remarquez que le petit chiffre est une fraction. Cette fois-ci, l'exposant est une fraction et 25, en tant que dénominateur, signifie que l'on retire un 25e de la « racine ». C'est un peu comme si vous vous demandiez quel nombre multiplié par lui-même 25 fois serait égal à 10.000/3.000.]

Quoique ce dernier cheminement puisse vous sembler plus complexe, il est utile si vous voulez connaître directement le taux d'accroissement nécessaire pour faire croître une population de 70 à 2,5 millions de personnes en 400 ans :
1. Entrez 2.500.000
2. Appuyez la touche de division (/)
3. Entrez 70, puis égal (=)
4. Appuyez sur la touche *Shift*, ensuite sur X_y
5. Entrez 400
6. Appuyez sur la touche d'égalité (=)
7. Vous obtenez 1,02655, ce qui équivaut à 2,655% de taux d'accroissement.

Ou bien, si vous voulez connaître le taux d'accroissement (ou taux d'intérêt) requis pour une croissance de 1.000 à 10.000 en 20 ans, vous
1. Entrez 10.000
2. Appuyez sur la touche de division (/)
3. Entrez 1.000, puis égal (=)
4. Appuyez sur la touche *Shift*, ensuite sur X_y
5. Entrez 20
6. Appuyez sur la touche d'égalité (=).
Vous obtenez 1,122, ce qui équivaut à 12,2% de taux d'accroissement ou de taux d'intérêt. Une des raisons pour lesquelles nous abordons ce sujet est le fait que beaucoup de personnes sont dans une confusion totale lorsqu'il s'agit de faire de tels calculs. Les Chrétiens en Inde ont besoin de pasteurs qui peuvent les aider à faire de tels calculs afin qu'ils sachent ce qu'emprunter à un certain taux d'intérêt implique.

À propos, remarquez que de tels calculs sont valables lorsqu'il s'agit de déterminer un taux d'intérêt mensuel.
C'est-à-dire 100 $ croîtront jusqu'à 200 $ si le taux d'intérêt est de

5,95% par jour pendant 12 jours

5,95% par mois pendant 12 mois

5,95% par an pendant 12 ans parce que le calcul est le même dans chaque cas :

$$100 \times (1,0595)^{12} = 200 \text{ ou bien}$$
$$(200/100)^{(1/12)} = 1,0595 \ (5,95\%)$$

L'une des choses essentielles que révèlent ces calculs est le fait qu'avec le temps, une petite variation du taux d'accroissement apporte un grand changement.

Dans la Bible, on note l'existence d'un facteur de croissance dont l'impact est tout aussi incroyable que celui du taux d'accroissement. Songez un instant à la question suivante : qu'est-ce qui affecte un taux d'accroissement ? Il est évident que lorsque les cœurs des pères se portent vers les enfants, le nombre de décès prématurés chez ces derniers diminue. Je pense qu'il ne serait pas illogique de supposer que les familles juives des temps anciens avaient un plus grand taux d'accroissement précisément à cause des facteurs de ce genre.

Un constat général nous autorise à penser que si une population ne croît pas assez, c'est certainement à cause des nombreux cas de guerre, de maladie, de ruptures familiales. On peut alors facilement s'imaginer que tous ces facteurs d'inhibition de croissance sont l'œuvre de Satan qui déploie tous ses efforts pour les promouvoir.

Quoique les érudits de la Bible ne le soulignent pas souvent, une très lente croissance de la population indique en fait l'importance des avortements et des infanticides aussi bien que des facteurs vraiment majeurs tels que la guerre et la peste.

À ce sujet, le sud de l'Angleterre peut nous servir d'illustration. Cette partie du pays perdit la protection romaine aux alentours de 440 après une période relativement calme de trois siècles, trois siècles d'alphabétisation sous occupation des légions romaines. Immédiatement, l'Angleterre sombra dans le chaos et dans le carnage avec l'invasion des Anglo-Saxons et tous les événements subséquents. Des études montrent que pendant plus de 600 ans, donc jusqu'en 1066, la population ne s'accrut même pas un tout petit peu. Voilà quelque chose de complètement anormal ! Imaginez la perte anormale de vies humaines au cours de toutes ces 600 années !

Ou encore, prenez le chiffre de 27 millions estimé être celui de la population mondiale à l'époque d'Abraham. Du temps de Christ, deux mille ans plus tard, la population mondiale est estimée à 200 millions. N'est-ce pas une énorme croissance de 173 millions de personnes ? Si ! Mais n'est-ce pas une croissance lente ? Tout à fait ! Voyons : On a $(200/27)^{(1/2000)} = 1.00100$, que l'on peut lire 0,1% (c'est-à-dire que vous soustrayez 1 puis le multipliez par 100, ou encore que vous déplaciez la virgule de deux chiffres vers la gauche) ; ce n'est pas un pour-cent, mais un dixième d'un pour-cent.

En comparaison, le taux d'accroissement de la population mondiale est de 1,7%, soit dix-sept fois plus ; *The Pocket World in Figures* (Chiffres du monde en poche) dresse une liste de cinq pays dans le monde aujourd'hui qui croissent de plus 4%, donc 40 fois plus vite, et onze pays qui croissent de plus de 3%, soit 30 fois plus vite.

Et même que le taux d'accroissement de la population mondiale est de 1,7 à cause du fait que plusieurs des pays développés réduisent fortement leurs taux d'accroissement – 18 de ces pays ont un taux d'accroissement soit nul, soit négatif.

Par ailleurs, une méthode permet d'évaluer le nombre de carnages et d'horreurs qui parsèment l'évolution humaine pour une bonne partie de son histoire. Pour cela, il faut se demander ce que serait aujourd'hui la population mondiale si, à partir de 2.000 avant Jésus-Christ, avec un chiffre initial de 27 millions, elle avait crû à l'actuel taux de 1,7%.

La réponse est renversante. Même à ce taux réduit, la population mondiale aurait littéralement explosé en seulement 321 ans, pour atteindre 6 milliards. Et si elle avait crû à 3,5%, elle aurait atteint 6 milliards en 123 ans.

Voilà qui devrait certainement suffire à nous faire une image de l'arrivée fréquente de massacres, de maladies et de famines au cours de la majeure partie de l'histoire humaine. En même temps, cela nous donne un aperçu de la dimension réelle et concrète des progrès réalisés dans la mise en pratique de la volonté de Dieu par un royaume en pleine expansion au cours des dernières années. Dieu ne cherche pas seulement à sauver nos âmes pour l'éternité, mais aussi à sauver Sa création de la guerre et de la peste. Autant cette volonté de Dieu sera accomplie, autant Dieu sera glorifié et autant nous remplirons notre mission.

Toutes les nations que tu as faites viendront et se prosterneront devant toi, Seigneur, et elles glorifieront ton nom. Car tu es grand, et tu fais des choses merveilleuses ; tu es Dieu, toi seul. (Ps. 86 :9, 10)

Chapitre 5
LA PÉRIODE INTERTESTAMENTAIRE

Les quatre siècles précédant la naissance de Jésus-Christ constituent ce qu'on a appelé période intertestamentaire. Cette période tire son nom de l'absence dans nos Bibles actuelles d'écrits rédigés pendant ces quatre siècles – elle désigne donc la période entre les Testaments. Mentionnons en toute objectivité que la délimitation de cette période est due à une décision arbitraire prise en 1812 par la Société Biblique Américaine d'exclure les livres dits apocryphes de leurs bibles publiées à des fins d'évangélisation. Cette décision fut prise afin d'économiser de l'argent, étant bien sûr entendu que le contenu de la Bible en grec antique couvrait une grande partie de cette période intertestamentaire.

Pourtant, de toutes les périodes bibliques, c'est peut-être elle qui renferme les événements les plus décisifs. Tous ces événements ajoutés aux écrits précédents de l'Ancien Testament sont d'une si grande portée qu'il est difficile de s'imaginer que le Nouveau Testament peut tenir tout seul.

Lorsque le rideau tombe sur la dernière page de Malachie (avant les apocryphes retirés de nos bibles) et qu'il se lève sur le Nouveau Testament, nous découvrons effectivement un monde radicalement métamorphosé. Sans doute déjà, l'influence des hommes tels que Confucius, Bouddha, Socrate – bien qu'ayant vécu avant – est à leur apogée au cours de la période intertestamentaire. Durant cette même période, Alexandre le Grand, élève d'Aristote qui fut lui-même disciple de Socrate, fait son entrée en scène dans l'histoire et provoque essentiellement des changements qui affectent le monde de manière profonde.

Et tandis que la dynastie Qin parvient pour la première fois à unifier la Chine et à faire bâtir la Grande Muraille, Alexandre le Grand réalise l'unification d'une partie de la terre encore plus large que toute la Chine. Dans l'étude de cette période, Alexandre le Grand présente un très grand intérêt pour nous parce que c'est lui qui fit répandre la langue grecque sur une bonne partie de la terre. Néanmoins, la chose qui est de loin la plus significative pour nous pendant cette période, c'est la parution de la version grecque de l'Ancien Testament, laquelle a consolidé l'extension de la langue grecque menée par Alexandre.

Cette Bible grecque, Bible de l'Église primitive, fut très probablement utilisée en Palestine. En effet, selon plusieurs spécialistes, le grec était devenu à l'époque de Christ la principale langue usitée d'une bonne frange de la population palestinienne. Cela signifie que, lorsqu'en Luc 4, Jésus faisait lecture de la Bible dans la synagogue de son terroir, il lisait probablement la Bible grecque. Le document en question est appelé la version des Septante ou LXX en référence aux soixante-dix personnes supposées l'avoir traduit.

Cependant, la chose la plus importante à noter est que cette Bible grecque n'était pas exactement une traduction d'un unique document antérieur, mais plutôt le fruit d'une sélection parmi de nombreux documents, puis d'une traduction. Voilà pourquoi notre conception contemporaine de l'inspiration biblique doit forcément tenir compte de la sélection remarquable faite au préalable parmi 400 autres documents environ qui eut lieu pendant cette période. Une grande partie de 1 et 2 Samuel, et de 1 et 2 Rois, sont en fait des commentaires d'autres documents cités dans ces textes. Le processus total de sélection aboutit pour la toute première fois à un document unique, cohérent et composite. Beaucoup de personnes ont reconnu le caractère unique de ce document. Aucune autre tradition religieuse ne possède un document unique et de premier plan d'une nature et d'une qualité semblables à l'Ancien Testament. Dans tous les sens, l'impact de ce document est vraiment remarquable. Aucune autre traduction n'a eu un impact aussi profond. Quand le Nouveau Testament parle des Écritures, c'est à ce document qu'il se réfère. Sans lui, les milliers de synagogues éparpillées dans l'Empire romain n'auraient jamais pu attirer les gentils, surtout en aussi grand nombre. En effet, ces derniers constituaient une si grande frange de la communauté des synagogues à telle enseigne que le Nouveau Testament les identifie par l'expression « craignant Dieu ». Plus que n'importe quelle autre œuvre humaine dirigée par le Saint-Esprit, la Septante ou Bible grecque a littéralement créé l'Église primitive. Quatre cinquièmes des extraits de l'Ancien Testament cités dans le Nouveau Testament sont tirés de la Bible grecque, et non de documents en hébreu. Évidemment, certains documents existaient en hébreu. En fait, seulement mille ans plus tard, des érudits rabbins ont assemblé et publié la contrepartie hébraïque de la sélection des documents existant dans la Bible grecque. Ce faisant, ils choisirent exactement les mêmes écrits contenus dans la Bible grecque. Ils changèrent seulement l'ordre des écrits.

Du temps de Luther, il existait deux traditions bibliques qui faisaient autorité. La tradition grecque orthodoxe qui avait conservé la Bible grecque et partant le Nouveau Testament grec, et la tradition catholique latine qui à cette époque considérait la traduction en latin faite par Jérôme au 4ᵉ siècle comme faisant autorité. Luther ne voulut pas avoir à contester les subtilités d'interprétation de chacun de ces deux documents. Aussi prit-il la décision inouïe de se baser sur le texte hébreu qui, à sa naissance, existait depuis plus de 700 ans.

Ainsi, ce fut la Réforme protestante qui pour la première fois fit asseoir au sein de la chrétienté l'importance de la langue et de la culture hébraïques. Aux tous débuts, Chrétiens et Juifs se regroupaient en deux groupes opposés l'un à l'autre. Comme vous pouvez l'imaginer, les Juifs, longtemps immunisés par la persécution, ont dans les premiers âges du christianisme cherché à se désolidariser des Chrétiens que l'on avait commencé alors à persécuter. Ce désaveu des Juifs ne plut pas aux Chrétiens qui devaient souvent, au cours de leur persécution, faire face à la mort. Voilà la seule et unique raison à l'origine de la divergence de leurs deux traditions (juive et chrétienne).

La décision de Luther de faire usage de l'hébreu amorça un lent processus de revalorisation de la tradition juive, mais ce ne fut qu'après des siècles que les Chrétiens développèrent une sympathie envers les Juifs. Luther lui-même avait d'ailleurs une fois déclaré que les Juifs, à moins de reconnaître Christ, devaient avoir leurs langues arrachées. Par ailleurs, ce qui fut étrange et regrettable à la fois, c'est qu'à cause de la décision de Luther, les protestants n'ont accordé presque aucune importance à la Bible de l'Église primitive, c'est-à-dire la Septante. Dans nos séminaires théologiques aujourd'hui, cette grande œuvre de la période intertestamentaire, dont l'influence fut si grande dans tout le monde antique et qui constitue le fondement des documents grecs du Nouveau Testament, est quasi totalement ignorée. Elle ne fait aucunement l'objet d'une étude systématique, à quelque niveau que ce soit du cursus académique, en général, les départements de l'Ancien Testament de nos séminaires consacrent toute leur attention à la version hébraïque de l'Ancien Testament tandis que les départements du Nouveau Testament, en faisant usage de la langue grecque, ne s'appliquent qu'à l'étude du Nouveau Testament grec au détriment de l'Ancien Testament grec.

Les spécialistes ont remarqué qu'à aucun endroit, le Nouveau Testament ne fait référence à de quelconques traducteurs. Or, le ministère de Jésus l'avait mené dans le territoire de la « Décapole » qui était une agglomération de dix villes au nord de Nazareth. C'est là une raison de plus qui explique pourquoi il est généralement admis que Jésus maîtrisait le grec, d'autant plus que le grec était probablement sa principale langue d'expression.

Le monde extraordinairement différent que nous découvrons dès les premières pages du Nouveau Testament est en grande partie le fait d'événements qui se sont déroulés pendant la période intertestamentaire. Beaucoup de Juifs avaient été déportés à Babylone au début de cette période-là. D'ailleurs le Talmud, un ensemble de commentaires Juifs au sujet de la Bible, accrédite l'idée selon laquelle, même au temps de Jésus, la plupart des Juifs n'étaient jamais rentrés en Palestine. Soulignons en passant que le Talmud babylonien, comparé au Talmud palestinien qui est bien plus petit, est un énorme ensemble de volumes de la taille d'un rayon. En outre, il se trouvait peut-être un million de Juifs au nord de l'Égypte et 9 millions de Juifs dans le reste de l'Empire romain. La plupart d'entre eux gardèrent leur foi. Et comme Pierre le remarque dans le livre des Actes, Moïse était prêché dans toutes les villes.

Le Nouveau Testament ne saurait donc en aucune façon être considéré comme n'émanant de rien. Tout au contraire ! On peut davantage l'assimiler à une poudrière, un contexte sans lequel la naissance de Jésus « aux temps marqués » ne saurait être appréciée à sa juste valeur. Lorsque dans son premier sermon en Luc, Jésus se réfère aux événements de l'Ancien Testament dans lesquels les gentils sont bénis de Dieu, nous voyons une continuité fondamentale entre Jésus et l'apôtre Paul, quoique certains érudits considèrent Paul comme le promoteur d'une religion différente à maints égards.

C'est en raison des événements qui se sont déroulés pendant la période intertestamentaire que les Juifs ont obtenu une autorisation spéciale d'adorer leurs dieux à leur propre manière. Dans tout l'Empire romain, les Juifs étaient le seul groupe à avoir obtenu ce genre de reconnaissance. Pendant la période intertestamentaire, ils s'étaient extrêmement battus pour leur autonomie. Bien qu'en fin de compte, ils aient pratiquement accepté la langue grecque, ils n'oublièrent jamais la profanation de leur temple par Antiochus d'Épiphane. Leur réaction fut si vive qu'ils purent plier l'Empire romain à leur concéder une autonomie religieuse, accordée à regret.

Il est peut-être difficile pour les Chrétiens de l'admettre, mais les familles juives qui se sont établies dans tout l'Empire romain, certainement à cause de leur activité commerciale, étaient néanmoins des gens respectables. C'est pourquoi leurs synagogues pouvaient attirer les « craignant Dieu » dont nous avons parlé plus haut. Hugh Schoenfeld (1968), un éminent érudit juif d'Angleterre, qui traduisit le Nouveau Testament à l'usage des Juifs, souligne que les Juifs envoyaient déjà des missionnaires à travers tout l'Empire romain, cent ans avant la naissance de Christ.

Il s'agit sans doute du phénomène auquel Jésus faisait allusion lorsqu'il parlait des pharisiens « parcourant la mer et la terre pour faire un prosélyte ». Naturellement, cela pourrait signifier qu'à cette époque, les Juifs étaient davantage intéressés par le fait de convertir les gentils à leur propre culture qu'au fait de tourner leur vie vers le Dieu vivant. Aussi Jésus poursuivit-il en disant que ces missionnaires forgeaient des hypocrites. Le mot « hypocrite » est en fait une mauvaise traduction, puisque son équivalent grec est un simple mot désignant un acteur de théâtre qui feint d'être quelqu'un d'autre. Ce n'était donc pas un terme péjoratif comme en français. Néanmoins, il est clair que pour Jésus, un changement de culture ne devait en aucun cas constituer l'objectif principal des Juifs.

Avant de quitter cette période intertestamentaire, arrêtons-nous une fois encore sur les conséquences de la captivité des tribus du Sud par les Assyriens fort impitoyables. Les tribus du Nord avaient déjà été dispersées sans ne plus jamais revenir en grand nombre. Elles avaient laissé derrière elles un vide au nord de la

Palestine dans lequel s'engouffrèrent plus tard plusieurs peuples étrangers, créant ainsi ce qui fut la mal-aimée population samaritaine.

Quoiqu'elle se fît par vagues et sur une longue période de plusieurs décennies, la déportation du royaume du Sud est généralement fixée en l'an 586 av. J.-C. Les Babyloniens remplacèrent les Assyriens et quelque temps plus tard, ce fut au tour des Perses de régner. À cause de leurs croyances zoroastriennes, les Perses traitèrent les Juifs bien mieux ; et il est probable que des échanges religieux aient eu lieu dans les deux directions. Les Perses avaient même permis à certains Juifs de retourner sur leurs terres et de reconstruire le temple.

Comme mentionné dans la leçon 4, les érudits juifs ont, au travers de tous ces bouleversements, sans doute acquis une conception particulière au sujet de Satan qu'ils considéraient désormais comme une personne spécifique. Comme nous l'avons indiqué, la plupart des premiers documents de l'Ancien Testament utilisent le mot pour désigner un adversaire quelconque. Une fois même, alors qu'Il s'opposait à un mauvais prophète, Dieu fut appelé « satan » dans la Bible.

Cela nous procure donc une excellente notion sur une des plus profondes différences qui existent entre une grande partie de l'Ancien Testament et le Nouveau Testament. En même temps, cela souligne le fait que le peuple juif n'était pas le seul avec lequel Dieu traitait et auquel Il se révélait.

Le règne relativement bienveillant des Perses s'étendit pendant environ 200 ans, de 532 à 332 av. J.-C., date à laquelle Alexandre le Grand se rendit maître de la Palestine. Sous la domination grecque, la culture grecque était imposée aux Juifs, bien qu'il leur fût accordé la liberté religieuse.

Cette domination se poursuivit pendant plus de deux siècles jusqu'à ce que les Romains occupent la Palestine en 63 avant J.-C. Au cours de cette ère grecque prolongée, la langue et la culture grecques s'étaient fortement imposées parmi le reste des Juifs qui avaient déjà réoccupé leur terre.

Ainsi, cette période intertestamentaire a vu une succession de peuples étrangers régner sur les Juifs : les Babyloniens qui étaient bien meilleurs que les Assyriens, reconnus pour leur expertise dans l'art d'écorcher des personnes vivantes et dans celui d'édifier des pyramides à l'aide de têtes humaines ; les Perses, bien préférables aux Babyloniens ; et les Grecs encore meilleurs. Après tous ces empires, la loi romaine vint finalement concéder aux Juifs des avantages encore plus grands. La langue latine des Romains ne remplaça pas le grec, en grande partie parce que les Romains regardaient les Grecs comme leur étant supérieurs en langue et en littérature. En effet, beaucoup d'« esclaves » de familles de l'Empire romain étaient des enseignants respectés de la langue et littérature grecques.

Il se peut donc que certains des « craignant Dieu » dans tout l'Empire aient fréquenté les synagogues simplement parce qu'ils voulaient écouter parler le grec puisque, indubitablement, c'était l'Ancien Testament grec qui était lu dans les synagogues.

Ce fut le système judiciaire romain qui protégea Paul et lui octroya le droit de se faire juger par César, lorsqu'il était devenu clair qu'il n'aurait aucune chance s'il était jugé à Jérusalem.

Voici donc la situation qui prévalait lorsque nous abordons la période néotestamentaire au cours de notre prochaine leçon. Alors, la Bible de l'Église des débuts est répandue et lue sur une grande partie de la terre alors connue. Son influence s'est largement accrue par le fait que les Juifs jouèrent le rôle de vecteurs de cette Parole, leurs vies et leur conduite étant la signification la plus visible de ces écritures. Ainsi, tout comme maintenant, c'est la réelle évidence de vies transformées qui sert de meilleure introduction et présentation de la parole écrite.

Chapitre 6
CHRIST ET LES ÉVANGILES : UNE PERSPECTIVE GLOBALE

« *Mais si je chasse les démons par le doigt de Dieu, alors le royaume de Dieu est parvenu jusqu'à vous* ». *Luc 11 :20 (version Darby)*

Un nombre énorme de livres traite de la question du royaume de Dieu. Et quoique le Nouveau Testament parle de cette question en termes de royaume à la fois à venir et déjà présent, les discussions autour de son avènement restent sempiternelles.

En outre, on peut lire sur supposée ou possible différence existante entre le « royaume de Dieu », expression assez récurrente en Marc et Luc, et le « royaume des cieux » que l'on retrouve dans les passages parallèles en Matthieu. Pour ce qui est de l'évangile de Jean, il contient très peu d'exemples du « royaume de Dieu ».

« *Si je chasse les démons par le doigt de Dieu, alors le royaume de Dieu est parvenu jusqu'à vous* ».

Cette affirmation singulière ne se trouve ni dans Marc, ni dans Jean, mais seulement en Matthieu et en Luc. En fait, c'est l'un des quatre versets du livre de Matthieu dans lesquels l'expression « royaume de Dieu », non pas « royaume des cieux », est utilisée. Cependant, l'autre expression, le « royaume des cieux » apparaît 32 fois en Matthieu, mais nulle part ailleurs dans toute la Bible.

Beaucoup de spécialistes estiment que Matthieu et Luc se sont d'abord basés sur Marc – le plus petit des quatre évangiles – auquel ils ont ajouté une autre source nommée « Q ». Le nom de ce dernier document désigne simplement la première lettre du mot « source » en allemand « *Quelle* ». On peut donc s'imaginer que certains des quatre exemples de l'expression « royaume de Dieu » plutôt que « royaume des cieux » en Matthieu peuvent provenir du document Q.

Toutefois, je pense que la meilleure raison pour laquelle Matthieu a utilisé « royaume des cieux » plutôt que « royaume de Dieu » est le fait que Matthieu destine son livre aux Juifs. Or, les Juifs ne concevaient pas du tout l'idée de prononcer le mot « Dieu », un mot qu'ils avaient tendance à remplacer par « cieux ». Jésus lui-même l'a démontré dans l'oraison dominicale où le mot Dieu n'apparaît pas, mais où l'on retrouve l'expression « sur la terre comme aux cieux », c'est-à-dire « comme il en est dans la sphère du règne divin ».

De toute façon, si un individu rencontré sur le champ missionnaire n'avait jamais entendu parler de la Bible se mettait à lire les évangiles pour la première fois, il aurait deviné que le sujet principal autour duquel les évangiles se polarisent est le royaume de Dieu (ou royaume des cieux) – non pas dans le sens de « comment aller au ciel ? », mais plutôt « comment la puissance, le règne, l'autorité de Dieu ou des cieux peuvent-ils s'établir sur la terre ? Comment Sa volonté peut-elle se faire sur la terre comme aux cieux ».

Pourtant, c'est sur le premier sens « comment aller au ciel » que s'articule la mutation religieuse profonde du christianisme consécutive à la Réforme. Comme conséquence, elle a mis le Nouveau Testament sens dessus dessous, nous induisant par-là même à mal interpréter des centaines de passages.

Il semble qu'au cours de la longue et lente histoire de la civilisation occidentale, avant que la Bible ne soit vraiment diffusée, le christianisme n'ait jamais incité les hommes à changer leur vie présente. En lieu et place, il a poussé ceux qui étaient désespérés quant à leur existence terrestre à se soumettre à leur sort et à placer leur espoir dans l'au-delà.

Or, la Bible a pour point focal le but de voir la volonté de Dieu, Son Royaume, devenir une réalité dans cette vie-ci. Je pense être suffisamment fondamentaliste pour ne pas croire que le monde ira de mieux en mieux jusqu'au retour de Jésus qui viendra nous féliciter pour nos œuvres. Toutefois je crois que Jésus s'attend à ce que nous travaillions pour atteindre cet objectif, qu'il soit réalisable ou non, dans le but de glorifier Son Nom et de rendre notre évangélisation encore plus efficace. Et à ce sujet, il y a cette phrase de la parabole qui me revient sans cesse à l'esprit : « Trafiquez jusqu'à ce que je vienne » (version Darby).

Si Jésus avait été çà et là, exhortant les gens à attendre seulement le monde à venir, les évangiles auraient été différents de ce qu'ils sont ; tant il est vrai que pendant son séjour terrestre, Jésus s'opposait à toute espèce de mal. Pour cette leçon, vos lectures font référence à une série de préoccupations de Jésus pour le moins insolites qui jadis contrastaient nettement et étonnamment avec le point de vue de ses disciples consacrés et religieux.

À ce jour, nous comprenons en fait une bonne partie du Nouveau Testament de travers. Par exemple, rarement des gens ont interprété la parabole du fils prodige comme étant tout d'abord une image du peuple juif (le fils aîné) faisant tout le bien qu'il puisse faire, mais ne comprenant pas l'amour du Père envers les autres nations ; nations qui, selon le point de vue juif, ne pouvaient être rachetées.

Cette confusion sur le Nouveau Testament caractéristique de l'ère moderne s'observe aussi au sujet de la parabole dans laquelle le maître donne le même salaire à tous les ouvriers – même à ceux qui n'avaient pas travaillé toute la journée. Logiquement, cette procédure choquerait les premiers ouvriers qui, ici, représentent les Juifs, lesquels sont ahuris par les marques de bienveillance de Dieu envers les païens. Or ces marques de bienveillance divine envers les païens, ils les observent dans le comportement de Jésus.

Le problème d'ordre missiologique que Jésus soulève dans cette parabole finit par se radicaliser totalement en Luc 4 quand Il mit délibérément en évidence deux exemples de l'Ancien Testament dans lesquels Dieu était bon envers les non-Juifs. À ce moment précis, l'assistance de la synagogue bondit de fureur et fond sur lui pour Le tuer.

En d'autres termes, avec un peu de recul, en ôtant nos lunettes spirituelles qui tendent à voir toutes choses sous le prisme de la quête du pardon de nos péchés et de notre entrée au ciel, nous pouvons apercevoir les choses sous un angle nouveau dans lequel la question centrale n'est plus tellement celle du salut, mais plutôt celle de notre attitude après avoir été pardonnés. En fait, Jésus a effectivement dit : « Car quiconque voudra sauver sa vie la perdra ; et quiconque perdra sa vie pour l'amour de moi, celui-là la sauvera ». Cette déclaration se trouve à quelques variations près dans les trois évangiles synoptiques, deux fois en Matthieu et deux fois en Luc. Pourtant, ces passages sont rarement cités par les évangéliques.

Cette insistance continue de Jésus sur cette déclaration traduit une tout autre chose que l'approche d'évangélisation classique – selon laquelle on commence par demander aux gens où ils iraient s'ils devaient mourir aujourd'hui, attirant de facto leur attention première sur ce qu'ils devraient faire pour leur propre salut.

Le « message » de Jésus se résume en deux mots : « se repentir et croire ». Ce qui très probablement veut dire quelque chose comme : « Abandonne tes propres occupations, viens suivre et obéis à Jésus ». Pourtant, nous interprétons habituellement ces mots comme suit : « Demande pardon, adhère à un certain nombre d'affirmations théologiques, et cela y est, c'est fait ! »

En Jean 17 :1, nous lisons : « Après avoir ainsi parlé, Jésus leva les yeux au ciel, et dit : Père, l'heure est venue ! Glorifie ton Fils, afin que ton Fils te glorifie ». (Version Segond 1910)

Et Jean 17 :2-3 dit : « Selon que tu lui as donné pouvoir sur toute chair, afin qu'il accorde la vie éternelle à tous ceux que tu lui as donnés. Or, la vie éternelle, c'est qu'ils te connaissent, toi, le seul vrai Dieu, et celui que tu as envoyé, Jésus-Christ ». (Version Segond 1910)

Ou encore Jean 4 à partir du verset 33 :

« Les disciples se disaient donc les uns aux autres : quelqu'un lui aurait-il apporté à manger ? Jésus leur dit : Ma nourriture est de faire la volonté de celui qui m'a envoyé, et d'accomplir son œuvre ». (Version Segond 1910)

Ce dernier verset stipule clairement que Dieu a à faire une œuvre sur la terre. Faisons maintenant un lien avec le verset suivant de Jean 17 :4 :

« Je t'ai glorifié sur la terre, j'ai achevé l'œuvre que tu m'as donnée à faire ».

Au travers de tous ces versets, vous pouvez clairement voir cet équilibre dans le Nouveau Testament – ce lien indissoluble – entre l'engagement d'hommes, la vie nouvelle en Christ et l'œuvre du Père.

Afin de glorifier le Père, Jésus Lui-même devait être glorifié par le Père. Dans une certaine mesure, cette logique vaut aussi pour nous. Mais le fait que Dieu se glorifie en nous n'est pas une fin en soi, mais un moyen pour nous de Le glorifier.

Naturellement, nous avons l'habitude de considérer tout cela comme si le but premier de Dieu était de sauver les hommes et de les glorifier alors qu'en fait, Il embauche également des hommes pour le servir selon le modèle de Jésus, en glorifiant Son Nom. Jésus a certes recruté les hommes dans le royaume de Dieu, ce qui est une réalisation de grande importance, mais Il les a aussi appelés à faire comme Lui-même à fait – comme il le dit d'ailleurs : « Comme le Père m'a envoyé, moi aussi je vous envoie ».

Il n'a pas dit : « Comme le Père m'a sauvé, moi aussi je vous sauve ». Non ! C'est l'interprétation des évangéliques qui dans son essence met totalement à l'écart le motif le plus important de notre rédemption. Les membres du mouvement *church seekers* et les évangéliques recherchent d'habitude des gens en quête de salut plutôt que des gens désireux de se repentir, de croire et de servir Dieu – non seulement en suivant Jésus, mais aussi en cherchant à servir comme Il l'a fait, c'est-à-dire sauver des âmes pour les voir ensuite glorifier Dieu.

Dans ce contexte, un des versets clés est 1 Jean 3 :8 :

« Le Fils de Dieu a paru afin de détruire les œuvres du diable ». (Version Segond 1910)

Dans le Nouveau Testament, la compréhension de l'expression « œuvres du diable » ne pouvait certainement qu'être limitée à cause de l'étroitesse de l'intelligence des auditeurs de Jésus au sujet de la création et de la condition de la création après la chute. Par exemple, ils ignoraient tout, autant que Jean Calvin en son temps, des microbes. Aujourd'hui, notre défi est de découvrir ce que Jésus aurait pu leur dire s'ils savaient ce que nous connaissons aujourd'hui au sujet des microbes. En d'autres termes, est-ce que Jésus aurait pu leur dire que les microbes sont l'une des œuvres du diable que Lui et Ses disciples ont pour mission de détruire ?

En général, dans les milieux évangéliques actuels, on se contente d'une compréhension des choses datant du premier siècle apr. J.-C. et on pense qu'en renfonçant suffisamment notre système immunitaire par une consommation correcte – en mangeant des aliments entiers et biologiques au lieu d'aliments dégradés – notre organisme sera en mesure de l'emporter sur n'importe quelle maladie. C'est une théorie assez incroyable pour être vraie. Toutefois, il existe une large gamme de maladies, de la variole à la dengue en passant par le SRAS, le ver de Guinée, la cécité des rivières et la tuberculose, contre lesquels nous devons combattre pour les détruire. D'ailleurs, le système immunitaire le plus performant ne saurait vous protéger du paludisme.

Premier défi

Il est un défi majeur auquel font face tous ceux qui vivent dans l'époque contemporaine, une époque où nous pouvons voir au microscope les petits parasites comme ceux du paludisme et où nous pouvons distinguer les quatre étapes ingénieuses dont ils se servent pour attaquer le corps humain. Nous pouvons même remarquer les changements insidieux qu'ils apportent dans les corps humains qu'ils habitent afin d'y attirer beaucoup plus de moustiques de façon que le sang infecté soit transmis à de nombreuses autres victimes pour les contaminer.

Je souligne ces choses simplement pour illustrer les difficultés considérables qu'il y a à comprendre la pensée de Jésus pour notre époque si nous voulons nous limiter simplement à ce qu'Il avait dit au premier siècle. Car autant l'étendue de notre connaissance des œuvres du diable s'accroît, autant s'accroît aussi notre marge de responsabilité. Par conséquent notre mission chrétienne devient différente et bien plus large.

Deuxième défi

Le deuxième défi majeur qu'il nous faut aborder dans cette leçon se résume dans cette question embarrassante : en quoi le Nouveau Testament est-il différent de l'Ancien ? Aux premiers siècles apr. J.-C., les Juifs ne voulant pas partager la persécution qui sévissait contre les Chrétiens, firent clairement comprendre au gouvernement que les Chrétiens n'étaient pas des Juifs. Cette notification expresse des Juifs a malheureusement livré les Chrétiens à eux-mêmes pendant la torture et la persécution dont beaucoup furent l'objet. À cette époque-là, les Juifs avaient déjà acquis une certaine liberté d'expression religieuse de laquelle, pensaient-ils, les Chrétiens ne devaient point se prévaloir.

Par ailleurs, il y avait une très grande différence culturelle entre le nombre sans cesse croissant des disciples de Christ d'ascendance grecque et le nombre proportionnellement décroissant des disciples de Christ d'origine juive. Cette différence devint plus tard de l'éloignement ; et l'éloignement, un foyer de préjugés, d'antagonisme et de critiques qui ne firent que s'accroître au fil des siècles.

Pour ces deux raisons, nous autres Chrétiens avons souvent établi des contrastes exagérés entre l'Ancien et le Nouveau Testament, donnant l'impression générale que le premier Testament est inférieur au second. D'ailleurs à ce propos, Walter Kaiser Jr. (2001), éminent spécialiste de l'Ancien Testament, pense que l'expression « Ancien Testament » n'est pas un terme approprié pour désigner cette partie de la Bible. Cependant, son point de vue n'est pas partagé par la frange majoritaire de notre tradition culturelle chrétienne.

Ainsi donc, essayer d'étudier les contrastes et les continuités entre l'Ancien et le Nouveau Testament revient sensiblement à marcher sur des œufs. En fait, très peu de gens sont disposés à reconnaître autant l'existence des continuités que celle des contrastes. Or, les traits de continuité sont à l'évidence une des doctrines les plus fondamentales de la Bible entière.

Pas plus tard que dimanche dernier, j'ai écouté un sermon qui soulignait l'opposition entre la grâce du Nouveau Testament et la loi de l'Ancien Testament. Or, Abraham avait été sauvé par grâce autant que n'importe qui dans le Nouveau Testament ! En ce qui concerne la grâce de Dieu et la puissance de pardon du sang de Christ, il n'y a pas de différence significative entre le fait d'avoir vécu avant et celui d'avoir vécu après la naissance de Christ. De même, il est vrai que la foi n'a pas été inventée à l'ère du Nouveau Testament ou qu'elle a été découverte seulement au cours du ministère de Christ ou des apôtres.

Lorsqu'en Romains 1 :5, Paul indiqua les termes du mandat qu'il avait reçu de Dieu « pour l'obéissance de la foi parmi toutes les nations », il n'annonçait pas quelque chose d'étranger au Nouveau Testament. Mais quand dans le chapitre suivant, il insiste sur le fait que la circoncision est en fait « une circoncision du cœur », il n'y a aucune différence entre ce qu'il dit et ce que nous lisons en Jérémie ou plutôt dans Deutéronome.

Il est manifestement faux de penser que l'Ancien Testament est l'époque pendant laquelle les hommes étaient sauvés en obéissant à la loi et le Nouveau Testament, une autre époque où l'on est sauvé par un assentiment intellectuel à une liste de doctrines fondamentales. Un tel point de vue est tout simplement hérétique et complètement à l'écart de l'idée centrale de la Bible. Dans les deux Testaments, l'obéissance du cœur est appelée foi ; et comme une foi qui sauve. Il ne sert à rien de seulement croire que Jésus est le Fils de Dieu et qu'Il est mort pour les péchés des hommes. Dans la Bible, la foi et l'obéissance sont indissociables, qu'il s'agisse de l'Ancien ou du Nouveau Testament, nonobstant ce que peuvent avoir pensé les réformateurs de l'Église, du camp protestant ou catholique.

D'autres raisons sont invoquées par ceux qui font des distinctions entre les deux Testaments. Les tenants de l'école dite de la dispensation voient dans les différences culturelles qui leur semblent assez significatives des différences d'ordre théologique. Pour eux, la dispensation de l'Ancien Testament est totalement différente de celle du Nouveau Testament. En ce qui me concerne, j'ai grandi dans ce courant de pensée, mais au fur et à mesure que le temps avance, il me semble que les continuités entre les deux Testaments sont d'une plus grande importance que leurs différences.

L'un des plus grands changements que l'on découvre dans le Nouveau Testament est la disparition de la symbolique de l'immolation des animaux opérée jadis pour le pardon des péchés. Mais il est erroné de penser que la foi n'était pas essentielle dans le processus des sacrifices d'animaux. L'Ancien Testament lui-même souligne souvent ce point : l'obéissance vaut mieux que les sacrifices. Cette question ne peut donc constituer une distinction fondamentale entre les deux Testaments, mais souligne simplement la prise de conscience profonde de cette symbolique importante autant chez les Juifs que chez les païens.

Il est donc vrai que le sacrifice de Christ s'interprète comme un substitut aux sacrifices des Juifs. Vous remarquez cependant qu'il s'agit ici d'une substitution de symbolique et non d'une substitution de sens.

En outre, d'après la méprise de certains, il y aurait eu une évolution de conjoncture entre le fait que sous l'Ancienne Alliance, seul le peuple juif pouvait être sauvé et le fait qu'avec la nouvelle alliance, tous les peuples aient pris conscience de ce qu'ils pouvaient désormais y avoir accès auprès de Dieu. Encore une fois, il ne s'agit pas d'une différenciation de ces deux alliances, il s'agit plutôt d'une plus grande prise de conscience. En effet, beaucoup de gentils étaient venus à Dieu dans l'Ancien Testament !

De toute façon, nous devons résister à la pensée selon laquelle l'Évangile est un témoin que les Juifs auraient passé aux gentils, un témoin que les Juifs eux-mêmes ne se seraient pas approprié. Cette dernière idée va de pair avec une autre qui stipule que d'une manière ou d'une autre, la vraie foi parut sous le Nouveau Testament et reste donc l'apanage des seuls gentils.

Mais regardons un peu la généralisation que Paul fait en Romains 9 de l'échec des Juifs à parvenir à la justice (Rom 9 :30-32) :

> Que dirons-nous donc ? Que les nations qui ne poursuivaient pas la justice ont trouvé la justice, la justice qui est sur le principe de la foi. Mais Israël, poursuivant une loi de justice, n'est point parvenu à cette loi. Pourquoi ? Parce que ce n'a point été sur le principe de la foi, mais comme sur le principe des œuvres.

Si nous nous trompons sur le sens de ce verset, nous aurons du mal à évaluer le sort que l'éternité réserve à des personnes comme Zacharie, Élisabeth et même Marie, la mère de Jésus. Contrairement à ce que certains pensent, Dieu n'a pas juste choisi quelqu'un au hasard pour être la mère de Jésus. Lorsque Gabriel lui déclarait : « Tu as trouvé grâce auprès de Dieu », il ne lui disait pas qu'elle avait gagné au loto, mais il s'adressait à elle comme à quelqu'un dont le caractère était adapté à la mission que Dieu avait pour elle. Elle possédait déjà, comme il apparaîtra plus tard, cette foi de la même nature que celle d'Abraham, lequel ignorait aussi les détails de l'expiation substitutive du sang de Christ.

Troisième défi

Pour notre conclusion, il nous faut nous référer à une leçon antérieure dans laquelle nous avons souligné l'évidence de l'existence d'interrelations entre les Juifs et la culture zoroastrienne dans la sphère où ils étaient captifs.

Cela nous conduit à la différence majeure entre l'Ancien et le Nouveau Testament. Il est très important de réaliser que la plupart des faits de l'Ancien Testament sont décrits en vue de souligner le contrôle suprême de Dieu sur tous les événements, c'est-à-dire Sa souveraineté. Mais ne nous étendons plus sur cette question. En revanche, nous devons comprendre que le Nouveau Testament reconnaît l'existence, même après l'événement de la crucifixion, d'un adversaire intelligent, lequel est dans un certain sens « le Dieu de ce monde ». Voilà la nouvelle perspective majeure du Nouveau Testament ; une perspective que quelques rares Chrétiens seulement reconnaissent.

Résumé

Nous pouvons distinguer au moins trois « défis » à relever dans notre tentative de comprendre le Nouveau Testament : 1) l'évidence de la continuité d'une foi qui agit contre le mal, 2) le problème général que posent les continuités et les différences entre les Testaments, et 3) les différences et les spécificités des deux Testaments dans la façon dont ils décrivent les maux.

Ainsi, nous voyons que ce qui fait l'unité indissoluble de la Bible est l'élan inexorable avec lequel Dieu travaille à reconquérir une planète soumise au contrôle du malin et à recruter des hommes et des femmes en vue d'effectuer cette tâche.

Chapitre 7
UN COMMENCEMENT NOUVEAU DE LA MISSION MONDIALE

Il ressort de notre titre que nous parlerons ici non pas du commencement, mais plutôt d'un commencement nouveau. De là donc, on ne saurait nullement s'imaginer que le plan de Dieu pour notre globe est une invention du Nouveau Testament. En effet, l'ère néotestamentaire n'inaugure pas un commencement totalement nouveau, il poursuit et amplifie plutôt quelque chose d'ancien ; au cours de cette ère, on assiste à une mutation « latérale » sans précédent de la vérité au sein de la culture.

En fait, ce commencement nouveau présente tant de caractéristiques nouvelles que pendant plusieurs siècles, nombre de spécialistes ont entretenu l'idée selon laquelle l'apôtre Paul aurait inventé une religion différente de celle de Jésus. Ils se sont appuyés sur le fait que le type de foi que Paul promouvait avait dans une certaine mesure les apparences d'une religion tout à fait distincte, ce que pensent d'ailleurs les Juifs jusqu'à ce jour. Et il n'y a pas que les Juifs ! Des débats sur cette question continuent d'avoir lieu dans les cercles de spécialistes, de pasteurs et de théologiens des milieux catholiques, protestants et évangéliques. D'ailleurs, l'un des célèbres livres écrits sur cette question est celui de J. Gresham Machen (1921) intitulé : *L'origine de la religion de Paul*.

Cependant, il est bien possible que ces penseurs se préoccupent en fait d'un problème purement artificiel pour la simple raison qu'ils ne réfléchissent pas dans une perspective missiologique. Et tout comme pour les tenants de l'école de la dispensation qui ont réalisé la Bible Scofield avec chaîne de références, il faut féliciter leur travail de recherche sur les nombreuses différences entre les époques et tout l'intérêt qu'ils leur accordent. Or, certains se sont sentis obligés de faire du Nouveau Testament une « nouvelle dispensation » entièrement différente, une dispensation dans laquelle les évangiles mêmes n'appartiennent pas au soi-disant « âge de l'Église » et dans lequel les Actes sont considérés comme un simple « corridor » de transition d'une dispensation à une autre sans pour autant être d'un intérêt quelconque pour l'élaboration de la doctrine. Cette perspective assez classique de la dispensation ne semble-t-elle pas similaire à l'assertion libérale éhontée selon laquelle Paul aurait inventé une nouvelle religion ?

Je pense vraiment qu'il y a au moins une différence importante entre le type de changements ayant eu lieu au cours de la fourchette chronologique de l'Ancien Testament, d'une part, et le type de changements que nous observons dans le glissement culturel néotestamentaire – de la culture juive à la culture grecque –, d'autre part. Dans l'immense écart de temps couvert par nos bibles, nous pouvons distinguer clairement plusieurs époques différentes :

1) La foi abrahamique, laquelle n'inclut ni la circoncision ni les dix commandements ; 2) le type de foi – quelle qu'elle fût – vécue pendant que les « enfants d'Abraham » étaient esclaves en Égypte ; 3) sa forme lorsque Moïse essaya de conduire une bande de réfugiés déguenillés dans le désert ; 4) les nouvelles conditions de l'époque des Juges ; 5) l'époque du royaume de David ; 6) plus tard, l'adoration dans le temple de Salomon ; 7) la situation complètement différente des captivités babylonienne et perse lorsque la synagogue fut inventée et la personne de Satan reconnue, 8) l'époque de la nouvelle Palestine sous occupation grecque et romaine présentée dans le Nouveau Testament, 9) la forme profondément modifiée après la rédaction du Nouveau Testament, avec l'invasion de Tite et la destruction définitive du temple (la patience des Romains étant épuisée), 10) l'époque du développement d'un « judaïsme rabbinique », 11) des formes ultérieures jusqu'à nos jours, au travers du judaïsme orthodoxe, conservateur, réformateur, voire d'un judaïsme politique dans l'Israël moderne.

On peut qualifier tous ces changements importants intervenus dans un seul groupe ethnique de diachroniques, car ils se sont déroulés à travers le temps dans le même peuple. Notons en passant que nous parlons ici d'évolutions qui ont eu lieu dans une fourchette chronologique de 4.000 ans.

Néanmoins, la base de la foi biblique n'a pas changé avec le temps. La foi du cœur et l'obéissance que Dieu préfère – « la crainte de l'Éternel est le commencement de la sagesse » – n'ont pas changé. Nous continuons toujours d'approuver des versets tels que : « Confie-toi de tout ton cœur à l'Éternel, et ne t'appuie pas sur ton intelligence ; dans toutes tes voies, connais-le, et il dirigera tes sentiers » Prov. 3 :5-6 (version Darby). Nous continuons d'apprendre beaucoup de l'époque d'Abraham et de sa foi. En Galates 3, Paul parle de l'évangile annoncé à Abraham avant l'avènement de Christ. Par évangile, il entendait la nouvelle (bonne ou mauvaise selon le point de vue de chacun) selon laquelle Dieu avait l'intention de réconcilier avec Lui-même toutes les nations de la terre, pas seulement la lignée d'Abraham.

On pourrait dire que l'une des principales raisons pour lesquelles le récit biblique s'étale sur une aussi longue période est de nous démontrer clairement qu'en matière de foi, les mêmes attentes ont pu subsister face à toutes ces mutations diachroniques intraculturelles passées et sont à mesure de survivre encore à celles du futur. Remarquez que ces changements n'étaient pas nécessairement brusques. Il y a sans doute eu des moments où les formes de foi « d'avant » et « d'après » se coudoyaient comme à l'époque, avec les formes pharisienne et sadducéenne ou aujourd'hui encore avec les formes de culte traditionnelles ou contemporaines. Ce genre de changement est toujours diachronique.

Toutefois, à partir du Nouveau Testament, on est en présence d'un tout autre type de mutation. En effet, le Nouveau Testament décrit une transmission majeure et assez soudaine de la foi d'une communauté sémite (les Juifs) au groupe indo-européen (Grecs et Latins de Rome). Ce type de mutation est un phénomène majeur que la Bible nous fait découvrir particulièrement dans le Nouveau Testament. On pourrait qualifier ce deuxième type de mutation de synchronique contrairement à une mutation diachronique. Toutefois, je préfère lui donner le nom de « mutation latérale » lorsqu'elle s'opère, non pas dans le même bassin culturel, mais en quittant un bassin culturel pour un autre.

Quel que soit le type de mutation auquel nous avons affaire, il est indéniable que plusieurs différences troublantes peuvent apparaître entre les formes de foi en présence. Ainsi, le judaïsme du temps de Josué est assez différent de celui vécu à l'époque de Christ. Par ailleurs, il faut reconnaître que prendre sérieusement en compte de telles différences diachroniques est tout à l'honneur de la soi-disant école de la Dispensation.

Toutefois, de telles mutations sont essentiellement la conséquence du fait assez significatif que le temps change et la culture aussi. Néanmoins, le cas de Paul est particulier. Il ne s'agissait pas seulement d'une mutation diachronique, mais aussi d'une mutation latérale d'un bassin culturel vers un autre. Aussi, lors de la tenue du Concile de Jérusalem, dans le livre des Actes, au cours duquel il fut décidé que certains traits de la forme juive de la foi ne devaient toutefois pas être changés pendant la transition vers la culture helléniste (grecque), on abordait là des questions liées, non pas à une mutation diachronique entre des formes ancienne et nouvelle, mais à une mutation latérale. Ces « nouvelles règles » ne s'appliquaient pas nécessairement aux Chrétiens d'origine juive, mais aux croyants grecs et latins que l'on désignait par « hommes pieux » et qui ne pratiquaient pas les coutumes juives.

Lorsque nous étudions une mutation diachronique ou latérale, il est réaliste de nous attendre à voir des différences importantes entre les emballages qui enveloppent la foi biblique. Nous devons aussi savoir que même si ces mutations sont inévitables, les modifications qu'elles comportent ne sont pas nécessairement toutes bonnes. Certaines variantes nouvelles de la foi chrétienne en Afrique, le mouvement Tai Ping en Chine, la Science chrétienne et les traditions mormones aux États-Unis sont de nouveaux mélanges de culture et de foi qui comportent de grandes erreurs. Dans une moindre mesure, l'erreur s'est aussi introduite au sein de l'Église catholique romaine, dans l'islam et, reconnaissons-le, dans les traditions religieuses protestantes. C'est ce qu'on appelle du syncrétisme.

Du reste, dans tous les cas de mutations diachroniques ou latérales, d'innombrables personnes deviennent prisonnières d'une religion ou d'une conduite qui contient une toute petite dose de foi du cœur ; quoique, dans ces mélanges hétéroclites de foi et de culture, on puisse aussi retrouver de vrais hommes pieux dont la dévotion sincère à Dieu contient une part importante de la vraie foi.

Après que la foi biblique a survécu à sa transposition de la culture sémitique à la culture indo-européenne, le nouveau mélange de foi et de culture qui en a résulté a commencé à évoluer par mutations diachroniques. L'ère de l'empereur Constantin, différente de celle de Paul, a vu apparaître le mot « christianisme », lequel était un nom politique donné par Constantin. Après les 45 ans de règne de Constantin en tant qu'empereur, le terme « christianisme » allait bientôt devenir l'étiquette reconnue pour désigner la religion officielle de l'Empire. [Ceux qui par conséquent osaient employer cette étiquette en dehors de l'Empire étaient persécutés sur-le-champ. Par la suite, cela a conduit à l'apparition du terme « musulman » dans les territoires du substrat sémitique.]

Plus tard pendant la Réforme, on assiste à un mouvement latéral partant de la culture romaine et méditerranéenne vers la culture germanique. Cette nouvelle transition s'accompagne de complexités et de malentendus dont l'apparition était inattendue et troublante alors qu'ils étaient prédits dans le livre des Actes. Tout comme dans les Actes, il existe au cours de cette transition deux camps qui se remettent l'un l'autre en question et au sein desquels on retrouve à la fois une multitude de croyants nominaux et beaucoup de croyants consacrés.

La Réforme fut un mouvement latéral d'une grande ampleur qui eut lieu à un moment donné où l'ancien modèle de foi de la Méditerranée connaissait déjà des mutations diachroniques notoires dues à la diffusion de la Bible à l'époque de Gutenberg. Aux jours de Luther, la Bible était étudiée partout en Angleterre, en France, en Espagne, en Italie et en Allemagne comme jamais auparavant. Cet intérêt que suscitait la Bible a sans aucun doute favorisé la pensée qu'il pourrait exister une forme de foi germanique totalement indépendante.

Il serait complètement faux d'interpréter la bipolarisation que nous observons dans le Nouveau Testament entre les deux cultures vectrices de la foi (juive et grecque) comme une opposition entre une religion vieille et fausse, d'une part, et une autre religion nouvelle, pure et idéale, d'autre part. De même, il ne faut pas croire qu'il existe une différence intrinsèque entre la foi du cœur prescrite dans l'Ancien Testament et dans le Nouveau Testament.

On ne peut simplement pas affirmer que les Juifs, d'un côté, représentent une tradition religieuse dans laquelle la grâce et la foi n'ont jamais été des principes de base tandis que les Grecs, d'un autre côté, représentent une compréhension totalement nouvelle et sincère de la grâce et de la foi.

Il est vrai que plusieurs fois, Paul et l'auteur de l'épître aux Hébreux ont comparé une véritable marche par la foi à un légalisme stérile. Cependant, ce type de comparaison peut s'appliquer à chaque cas d'émergence d'une nouvelle combinaison de foi et de culture. Car dans toutes les formes de cultures religieuses, qu'elles soient juives ou chrétiennes, il s'y trouve à la fois des adeptes nominaux et des croyants engagés et consacrés.

Ce qu'il y a de nouveau et d'extraordinaire dans le Nouveau Testament, ce n'est pas la soudaine « invention » de la grâce et de la foi, encore moins le passage d'une religion morte basée sur les œuvres à une religion spirituelle. C'est plutôt l'apparition de Dieu

Lui-même en la personne de Jésus qui a mis en évidence la réalité de Dieu qui était consignée dans les Écritures et a vécu la volonté de Dieu. En effet, lorsque nous regardons le Christ, nous voyons la gloire de Dieu le Père. Et c'est ce en quoi consiste le don absolument unique fait à la fois aux Juifs et aux gentils. Notons d'ailleurs que le nom de Jésus est employé de façon blasphématoire aujourd'hui par certains de ceux-là mêmes qui font partie de la supposée nouvelle tradition religieuse (grecque), tandis qu'il est prononcé avec circonspection par ceux qui sont censés être de l'ancienne tradition religieuse.

Par conséquent, aussi zélés que nous voulons être dans notre élan à mener des personnes à « accepter » Jésus-Christ comme leur Sauveur (comme nous avons l'habitude de dire), nous devons reconnaître en dernier ressort qu'aucune méthode que nous puissions utiliser pour amener des individus au Seigneur, qu'elle soit émotionnelle ou intellectuelle, ne saurait se constituer en un test infaillible de la vraie foi du cœur sur laquelle la Bible insiste sans cesse.

Nous manquons donc de critères infaillibles, et cela est franchement aussi gênant qu'embarrassant. Toutefois, au regard de la parabole de l'ivraie, il apparaît que ce manque de critère est voulu à dessein par Dieu. Malgré cela, on observe en général chez des gens qui appartiennent à un groupe – caractérisé par une certaine combinaison de foi et de culture – une propension à exclure ceux qui appartiennent à d'autres groupes avec des combinaisons différentes. D'ailleurs, cette tendance à l'exclusion d'autres groupes est souvent mise en pratique avec beaucoup de zèle d'autant plus que pour nous autres êtres humains, c'est là la seule façon de séparer les brebis des boucs. Or, selon la Bible, le fait de procéder à cette séparation ne revient qu'à Dieu Lui-même !

À partir du moment où nous choisissons d'adopter un de ces (re)vêtements de la foi, il nous faut résister farouchement à la tentation d'exalter notre forme d'évangile – tel qu'il est emmailloté dans notre culture – au point de ne trouver aucune valeur dans les autres formes. Je n'oublierais jamais l'expression de ces Chrétiens originaires de la Chine continentale qui, alors que j'étais encore au séminaire, avaient été visiblement choqués par le fait de faire passer un plateau devant chaque fidèle pour recueillir l'offrande comme il est de coutume aux États-Unis. Ils s'y prenaient différemment, en le faisant à l'entrée de l'église. Il faut dire que j'avais moi-même été surpris en voyant leur étonnement !

Nous savons tous combien il existe de différentes formes de foi dans notre pays, et certains adhérents d'une forme donnée pensent probablement que toutes les formes autres que les leurs ne sont pas valables. Il fut un temps où certains pentecôtistes insistaient sur le parler en langues comme une preuve irréductible du salut. Bien avant ces pentecôtistes, quelques évangéliques soulignaient avec la même insistance le fait que pour être sauvé, il était nécessaire d'expérimenter ce qu'ils avaient appelé une « seconde œuvre de la grâce » qui renvoyait à « la sainteté, sans laquelle nul ne verra le Seigneur » (Hébreux 12 :14). En s'appuyant sur ce verset, ils assimilaient l'un de leurs dogmes au sens du mot « sainteté » contenu dans ce verset.

Les ruptures les plus importantes dans l'évolution de la pensée chrétienne sont vraisemblablement des mutations de type latéral telles qu'elles furent observées à l'époque de Paul, de Luther ou dans l'Inde contemporaine avec des personnes qui partagent le point de vue d'Herbert Hoefer, le missionnaire et théologien luthérien du Synode du Missouri. Ce courant auquel adhèrent des millions de Chrétiens indiens qui conservent une grande partie de la culture hindoue est méprisé et dénoncé – et cela était prévisible – à la fois par certains Chrétiens occidentaux en Amérique et en Inde qui ont une forme de christianisme à l'Occidentale. On constate une non-compréhension similaire envers certains mouvements africains qui ne s'arriment pas au christianisme occidental. Aujourd'hui, on compte en Afrique plus de 50 millions de Chrétiens entrant dans cette catégorie.

Nous ne devons pas être surpris par le fait qu'après 400 ans, protestants et catholiques soient encore embarrassés par la difficulté qu'il y a à distinguer la foi agissante des œuvres de la foi. Quand accepterons-nous simplement l'affirmation biblique suivante : « la foi sans les œuvres est morte » ? Les vrais croyants, qu'ils soient des milieux catholiques ou protestants, ont toujours partagé le même fondement. Le même point de friction qui ressurgit de temps à autre est la divergence des deux cultures méditerranéenne et germanique. En Romains 1 :5, Paul parla d'amener à « l'obéissance de la foi tous les gentils ». Or, on a l'impression que les protestants accusent les catholiques de s'appliquer à l'obéissance sans la foi pendant que les catholiques trouvent que les protestants promeuvent une foi sans obéissance. Voilà le genre de subtilités théologiques qu'impliquent les mutations latérales. D'un côté, on a Luther pour qui il y a forcément un gouffre entre l'excellente spiritualité germanique et la piètre spiritualité de la cité de Rome, aggravée par son mode de vie charnel, sa commercialisation de la religion et l'insistance culturelle sur le célibat. D'un autre côté, on trouve Johann von Staupitz, éminent religieux catholique et spécialiste du Nouveau Testament, dont les fervents prêches sur les épîtres de Paul firent sortir Luther de la dépression spirituelle, pour qui un inévitable fossé sépare, d'une part, la meilleure spiritualité romaine et, d'autre part, le pire nominalisme germanique couplé au désir « charnel » des prêtres germaniques de se marier.

Les prétendues restrictions qui auraient prévalu quant à la traduction vernaculaire de la Bible au temps de Luther n'ont en fait jamais existé. La merveilleuse traduction que fit Luther était la 14e traduction allemande de la Bible entière faite à partir du latin ; toutes les 13 précédentes avaient été réalisées à l'ère du catholicisme romain en Allemagne.

À l'époque comme de nos jours, c'est l'évidente emphase biblique sur la foi et non la culture qui constitue le plus grand ennemi de ceux qui essaient de canoniser un type particulier de christianisme.

Alors que dans cette leçon, nous réfléchissons sur le sens formidable que revêt le commencement nouveau dépeint par le ministère de Paul – une mutation latérale allant des Juifs vers les Grecs – nous devons en même temps reconnaître, non sans regret, que les nombreuses mutations diachroniques contenues dans notre Bible si précieuse posent beaucoup de problèmes aux personnes simplement religieuses, qu'elles suivent ou non le cours de la mutation.

Chapitre 8
ÉMERGENCE ET CROISSANCE DE L'ÉGLISE

Au cours de la dernière leçon, nous avons examiné la réalité concrète, mais aussi la complexité d'un commencement nouveau, c'est-à-dire de l'avènement d'une nouvelle tradition de la foi biblique au moyen d'une mutation latérale allant de la culture sémitique à la culture juive. Nous avons aussi constaté que pendant la Réforme, ce même type de mutation, avec tout ce qu'il comporte de déroutant, s'est opérée entre les sphères méditerranéenne et germanique. Nous avons mentionné l'écartement contemporain de la culture occidentale vers les cultures africaine, indienne et chinoise, avec toutes leurs complexités. Dans cette leçon, nous tâcherons de comprendre comment cet écartement latéral néotestamentaire s'est maintenu et s'est même développé de façon complètement inattendue dans les siècles qui ont suivi cette période.

De prime abord, il nous faut rappeler qu'en réalité, cet écartement ou cette mutation ne s'est pas opéré de façon brusque. Elle s'est manifestée comme une bombe à retardement. Elle était en gestation plusieurs siècles avant la naissance même de Jésus et de Paul. Et au moment où les lettres pauliniennes étaient rédigées, il y avait déjà de milliers de synagogues éparpillées partout dans l'Empire romain et au-delà.

Ce qu'il y a de bien plus significatif encore, c'est le fait à la fois surprenant et merveilleux que la foi et la fidélité des communautés juives éloignées de ce qu'on a appelé diaspora juive – la dispersion juive à travers le monde – étaient si manifestes et d'une telle intégrité qu'elles avaient réussi à attirer deux types de gentils : 1) les prosélytes (soit environ 100.000 gentils qui avaient choisi d'adopter la culture et la foi juives) et, 2) les « craignant Dieu », approximativement un million de personnes qui pour le moins fréquentaient régulièrement les synagogues afin de pouvoir écouter les Écritures et de pouvoir adorer le Dieu d'Abraham, d'Isaac et de

Jacob.

En outre si l'« Ancien Testament » n'était pas traduit en grec, une grande partie de tous ces événements n'auraient jamais eu lieu. En effet, la Septante ou la Bible grecque était assez répandue dans au moins la partie orientale de la Méditerranée, dont la Palestine. Dans les régions où le grec était en usage, les synagogues avaient réussi à attirer et à retenir des Grecs « craignant Dieu » grâce notamment à la Septante.

Ainsi, tout cela constituait pour les Juifs une bonne longueur d'avance sur le christianisme, que les historiens Chrétiens répugnent d'habitude à reconnaître comme il convient. Ces historiens ont très souvent laissé croire que les gentils n'avaient rien reçu et rien à recevoir des Juifs. On peut noter la divergence de foi qui existe, et même dans la foi en Jésus-Christ, entre les Juifs et les Grecs en Romains 14, passage dans lequel Paul, non sans courtoisie, met en garde les croyants grecs contre le mépris des coutumes juives qu'observaient les Juifs croyant en Jésus. Paul, étant lui-même biculturel (héritier des cultures juive et grecque), croyait fermement selon ses propres termes en Romains 1 :16 que l'Évangile qu'il annonçait, avait la puissance nécessaire pour le salut des Juifs et des gentils. Mais au regard du chapitre 14 de Romains, on ne peut que s'interroger sur le nombre d'autres Chrétiens qui partageaient réellement son point de vue.

C'est ici qu'entre en scène l'élément tragique de cette histoire. Les Juifs avaient déjà obtenu au prix de multiples luttes et combats une faveur spéciale, la permission de continuer à pratiquer une grande partie de leur tradition religieuse dans l'Empire. Et lorsque les groupes de gentils ont commencé à se former, il est évident que les Juifs ont quelquefois manifesté auprès des autorités romaines leur désir de ne pas voir leur permission s'étendre à ces nouveaux groupes dont certains ne comptaient sans doute aucun Juif.

Il est possible que cela ait entraîné la persécution et même la mise à mort des premiers gentils disciples de Christ, et partant, l'accroissement de la divergence entre ces deux traditions de foi. À mesure que cette divergence s'amplifiait, des milliers de Juifs Chrétiens étaient davantage considérés comme des Juifs plutôt que comme des disciples de Jésus. Bientôt, peut-être dans l'intervalle d'une seule génération seulement, il devint plus facile pour un Juif chrétien de s'identifier aux Juifs qu'aux gentils.

Alors que le fossé entre les deux camps s'agrandissait et s'approfondissait, chaque camp commença à nourrir de mauvaises pensées vis-à-vis de l'autre. L'histoire du christianisme à ce propos foisonne de terribles maux infligés aux communautés juives partout dans l'Europe méditerranéenne et centrale. Dès ce moment, pour les Juifs, le mot « Jésus » était associé à leurs persécuteurs.

Entre-temps, malgré des persécutions sporadiques, l'ensemble initialement considérable des « craignant Dieu » s'était répandu dans tout l'Empire. Les autorités administratives commencèrent à les désigner par l'expression méprisante des «cinglés du Messie» dont le sens est quelque peu similaire à ce que le mot « chrétien » veut dire.

Tout comme le témoignage quotidien de certains Juifs avait permis qu'ils épousent des membres de la famille impériale, la vie intègre des disciples de Jésus leur valut le respect des empereurs. Un des deux vice-empereurs, Constance, épousa une femme qui avait grandi à l'Est de l'Empire où le christianisme était plus répandu. Il est possible que ce type d'influence chrétienne l'ait poussé à refuser de mettre en œuvre dans la partie ouest de l'Empire (y compris les îles Britanniques), jadis sous son autorité, la terrible persécution d'une décennie lancée par l'empereur Dioclétien. Cependant, il envoya son fils Constantin comme « otage » officiel à l'Est pour qu'il y grandisse sous l'œil attentif de l'autre vice-empereur afin d'assurer de bonnes relations politiques avec l'Est.

Constantin fut élevé dans l'objectif de lui faire hériter de la fonction de son père. Par la suite, il devint le seul César. Il eut une attitude favorable envers le christianisme pendant les 45 ans de son règne. Presque au début, il fit déplacer le siège de l'empire à Constantinople aujourd'hui appelé Istanbul. Ces 45 années de règne et le reste du 4e siècle constituent dans l'ensemble une fenêtre remarquable des premiers âges du christianisme. Nous devons la connaissance de cet intervalle de temps à Eusèbe qui fut mandaté pour collecter des documents et des informations au sujet des trois premiers siècles à partir desquels il a rédigé son ouvrage monumental de plusieurs volumes sans lequel, aujourd'hui, nous ne saurions pas grand-chose de cette époque. C'est dans cette fenêtre que fut établi le canon du Nouveau Testament. C'est aussi elle qui voit l'organisation du concile de Nicée, convoqué à l'échelle de tout l'Empire, et le credo de Nicée alors adopté.

Après la mort de Constantin (appelé Constantin le Grand), Julien, un membre plus jeune de sa parenté, devint un empereur antichrétien. Cependant, son élan de retour à l'antichristianisme ne fit pas long feu, Julien mourant prématurément dans une campagne contre les Perses. Après lui, le christianisme revint à ses jours heureux et devint même la religion officielle de l'Empire sans plus ne jamais connaître de menaces majeures.

Certes, plus rien ne s'opposait à assimiler l'Empire au soi-disant christianisme, mais de l'Est, une grande force déstabilisatrice s'approchait dangereusement : des peuples d'Orient venus des steppes d'Asie avaient marché sur les Visigoths et les Goths au nord de Rome et de Constantinople. Les Visigoths, peuples qui connaissaient à peine l'influence de la religion chrétienne, avaient alors pénétré dans l'Empire pour un séjour temporaire sous la pression de leurs envahisseurs orientaux. Mais après avoir subi la condescendance et le mépris de leurs hôtes, ils s'emparèrent de Rome en l'an 410 sous la houlette d'Alaric. L'occupation de Rome se fit presque sans dégâts. Les Visigoths, un peu christianisés, s'abstinrent de brûler les églises, de porter atteinte aux femmes et de faire du mal à ceux qui ne leur opposaient aucune résistance.

La Rome d'Occident avait auparavant déjà cédé une bonne partie de sa gloire à la nouvelle Rome de Constantinople. Mais à partir de l'an 410, la situation avait changé. En effet, le règne gothique connut beaucoup de turbulences et en l'espace d'un tiers de siècle, il déclina considérablement jusqu'à ce que les Huns envahissent quasiment la cité en l'an 446 après J.-C. Cette date, considérée des siècles plus tard par des érudits comme « l'âge des ténèbres », était en réalité pour les tribus du Nord le début d'un « âge de lumière ». En effet, peu d'intellectuels aujourd'hui pensent que l'expression « âge des ténèbres » – qui fut en fait une invention de la Renaissance du 15ᵉ siècle – désigne adéquatement cette période.

Ainsi, nous avons, de l'avènement de Constantin en Occident jusqu'à la chute de Rome sous Alaric en 410, une fenêtre d'approximativement 100 ans pendant lesquels s'est déroulée ou a été décrite une grande partie de ce que nous savons des premiers âges du christianisme. Eusèbe, l'historien officiel ; Jérôme, le traducteur de la Bible entière en latin ; Augustin, le théologien ayant eu la plus grande influence de tous les temps ; et même Pélage, incompris pendant longtemps et injustement blâmé pour le «pélagianisme », ont tous vécu au cours de cette fourchette chronologique.

Grâce à Eusèbe, nous disposons aujourd'hui d'un document de dix volumes sur les Pères pré-nicéens qui rapporte des événements qui se sont déroulés pendant les siècles antérieurs au concile de Nicée. Ces travaux d'Eusèbe nous permettent de connaître des personnalités telles que Clément de Rome, Mathetes, Polycarpe, Ignace, Barnabas, Papias, Justin martyr, Irénée ; et dans le volume II des personnes comme Hermas, Tatien, Théophile, Athênagoras et Clément d'Alexandrie. Dans le volume III et IV, on trouve Tertullien, Origène, Hippolyte, Cyprien, Caius, Novatien, Grégoire le thaumaturge, Dionysius le Grand, Julius l'Africain, Anatolius et les auteurs mineurs, Méthode et Arnobe.

À partir du volume VII, nous découvrons les pères des troisième et quatrième siècles, nous faisons aussi la découverte de nouveaux documents tels que l'évangile de Pierre, le Diatessaron de Tatien, l'Apocalypse de Pierre, la Visio Pauli, les Apocalypses de la Vierge et de Sedrach, le Testament d'Abraham, les actes de Xanthippe et Poplyxène, le récit de Zosime, l'Apologie d'Aristide, les épîtres de Clément (le texte complet), les commentaires d'Origène sur Jean (livres I à X), les commentaires d'Origène sur Matthieu, etc.

D'autres auteurs ont suivi les traces d'Eusèbe en écrivant sur ceux qu'on a appelé les Pères de l'époque nicéenne et post-nicéenne. Dans ce sillage, on compte la série des 14 volumes contenant principalement des documents produits ou rassemblés par Augustin et Chrysostome. On trouve aussi une seconde série de 14 volumes de documents portant sur les périodes d'avant et d'après le Concile de Nicée.

Bien évidemment, ce sont tous des documents écrits, mais des documents qui ne disent pas tout. Et pour la plupart des non-dits, il nous faut agir en détectives pour les comprendre.
Par exemple, nous ne saurons jamais les détails et les particularités des différentes formes de foi existant aux premiers siècles ni ne pourrons tout savoir après l'arrivée de Constantin parce que les informations que nous possédons aujourd'hui ont été fortement influencées par les facteurs politiques d'alors.

Cependant, nous ne pouvons mettre en doute le fait que Constantin ait accordé une attention particulière à l'unité et à la croissance du christianisme au cours de ses 45 années de paix relative à la tête de l'Empire. En outre, nous pouvons affirmer que, comme un précurseur de Napoléon, Constantin n'était pas seulement un général, il se prêtait aussi aux affaires administratives avec soin, présidant personnellement au déplacement du siège de l'Empire de Rome vers la cité qu'il baptisa… Constantinople. De plus, nous savons que par ce déplacement, il avait décidé de céder le palais du Latran (la « Maison Blanche » de son temps) aux leaders chrétiens de Rome. En outre, nous savons que pendant les trois années qui suivirent sa mort, les tentatives de Julien pour rétablir la religion antérieure tombèrent à l'eau parce que l'ancienne religion sacerdotale ignorait tout de la miséricorde et des bonnes œuvres.

Nous savons aussi que la forme même de la foi a subi (au cours de cette période) des changements importants. À l'époque du Nouveau Testament, tout comme chez les Juifs (et aujourd'hui les mormons), la foi était surtout une expérience vécue au sein de la maisonnée. La captivité avait alors mis un terme à la foi centrée sur le temple et avait entraîné par là même un retour au culte familial deutéronomique. Fondées sur le principe d'un regroupement d'au moins dix familles, des synagogues furent aussi créées dans la captivité, survécurent et se déployèrent un peu partout.

Lorsque la foi juive fut transmise à des gens de culture grecque qui possédaient déjà des temples, les croyants juifs qui avaient fait de Jésus leur Messie et roi refusèrent de s'approcher des temples païens, préférant à cela maintenir presque totalement la pratique de leur religion au niveau de la famille. Or, étant donné que le mot grec désignant le rassemblement familial (ecclesia) se traduit généralement en anglais par le mot « church » provenant de « kirk », qui lui-même vient du grec « kyriacon », lequel signifie temple, aujourd'hui, lorsque nous parlons d'aller à l'église ou lorsqu'on entend parler d'une église réduite en cendres, notre pensée nous renvoie d'emblée l'image d'un bâtiment.

Cela est en grande partie dû au fait que sous Constantin, les croyants pouvaient enfin sortir des catacombes : ils pouvaient désormais se réunir pour des raisons autres que les mariages et les enterrements, et leurs pasteurs pouvaient même bénéficier d'allocations gouvernementales. Ce changement remarquable de conjoncture est sans doute la seule chose qui puisse arriver quand tout l'Empire devint chrétien ; et il en a résulté plein de choses merveilleuses.

Cependant, cette christianisation de l'Empire a aussi entraîné des conséquences fâcheuses. Beaucoup de siècles plus tard, les mennonites qui pendant de nombreuses décennies n'avaient pas connu un gouvernement qui leur soit favorable, ont généralement interprété la transformation vécue sous Constantin – bien intentionnée pourtant – comme un « constantianisme » ou simplement la « chute de l'Église ». Ils craignaient à juste titre que la foi ne devînt officielle. Malheureusement, leur propre expérience tout au long de l'histoire a prouvé le bien-fondé de leur crainte. En effet, puisque ces communautés ont un mode de perpétuation essentiellement biologique, elles avaient pris pour habitude d'incorporer en leur sein leurs propres enfants, fussent-ils véritables croyants ou non. Par inadvertance, il en a résulté une foi « officielle» que l'on peut tout aussi qualifier de « constantianisme tribal ». Pour tordre le cou à ce phénomène, l'une des branches des mennonites appelés les huttérites, imposent aujourd'hui à leurs jeunes de vivre en dehors de la communauté pendant un an afin de s'assurer qu'à terme, ils veulent y revenir de leur plein gré.

Une autre conséquence fâcheuse due à cette transformation est l'identification du christianisme au pouvoir impérial romain. Dans son livre *Christianisme en Asie* qui fait autorité en la matière, Samuel Moffett (1998) souligne que lorsque Rome est devenue un empire chrétien, tous ceux qui dans les territoires limitrophes à l'empire tels que la Perse (Iran) professaient leur foi chrétienne, étaient suspectés de sympathie envers Rome, leur ennemi. Par conséquent, le nombre de Chrétiens qui furent tués dans ces territoires à cause de leur foi est supérieur au nombre des victimes des persécutions romaines sporadiques tout au long des siècles précédents.

De bien plus de façon que nous pouvons nous imaginer, notre christianisme fait partie intégrante de la tradition culturelle romaine : le port des bagues et le fait de jeter du riz dans les cérémonies de mariage, et le fait de célébrer l'anniversaire de Jésus – lequel pourtant devait probablement être fixé en juin – le même jour que celui des saturnales romaines, une fête annuelle dédiée à la célébration de Saturne caractérisée par des dons faits les uns aux autres. Dans les prochaines leçons, nous découvrirons d'autres traditions culturelles des siècles suivants, des traditions incorporées au « christianisme » qui ne proviennent pas toutes de la Bible. Dans nombre de ces traditions se trouve l'idée selon laquelle suivre Christ revient automatiquement à suivre les étapes d'un processus appelé «devenir chrétien » que sont : adopter et se revêtir de la forme romaine de la foi biblique. Ce que nous avons naturellement l'habitude d'oublier, c'est que personne dans le Nouveau Testament ne s'est réclamé être « chrétien », malgré l'emploi de cette expression sarcastique par des personnes étrangères à la foi pour désigner certains croyants.

Nous pouvons certes apprécier l'immense investissement social et intellectuel que représente aujourd'hui la tradition chrétienne. Parallèlement, comme nous le verrons plus tard, certains des éléments incorporés dans cette dernière au fil du temps sont carrément aux antipodes de la Bible. Il nous est peut-être facile de déplorer certaines actions menées par Constantin, mais il serait difficile d'imaginer comment l'histoire aurait pu être autrement écrite si l'un des plus grands et des plus puissants empires de l'époque – assurément supérieur à la plupart des empires contemporains et antérieurs – n'avait pas embrassé la foi à la dimension avec laquelle Rome le fit.

En effet, pendant les périodes précédant et succédant à cette fenêtre séculaire allant de l'an 310 à l'an 410 apr. J.-C., il prévalait des conditions de vie difficiles, voire le chaos. Cette période d'incubation bienfaitrice a donné naissance à un mouvement que les invasions tribales subséquentes ne pouvaient plus jamais annihiler. Bien plus durable encore fut, comme l'écrit Mark Noll, professeur d'histoire à Wheaton, le développement des centres monastiques, centres d'études et de travail. À ce sujet, il écrit – en contradiction avec la majorité des spécialistes protestants :

> L'avènement du monachisme fut, après l'ordre missionnaire de Christ à Ses disciples, l'événement le plus important – et à bien des égards le plus salutaire – car événement institutionnel de l'histoire du christianisme (2001 :84)

En effet, mis à part le travail accompli par ces structures appelées ordres, très peu de choses se sont passées dans l'histoire chrétienne jusqu'à ce que les protestants inventent leurs propres structures équivalentes sous la forme de sociétés missionnaires protestantes qui ont parcouru le monde.

Nous en parlerons plus en détail dans d'autres leçons.

Chapitre 9
LA RENAISSANCE CLASSIQUE

Les 400 premières années de l'ère chrétienne voient une interaction merveilleuse de dynamisme et de diversité. Dans la rétrospective toutefois, force est de constater dans quelle mesure les principaux courants de pensée d'alors étaient prévisibles. Nous allons aussi découvrir des parallèles surprenants entre ces courants de pensée et les courants de notre époque. C'est donc une période dont la richesse et la portée nous imposent la nécessité de l'étudier.

Je me dois de préciser d'emblée que le titre « renaissance classique » est une invention personnelle. À ma connaissance, personne d'autre n'a eu l'audace d'utiliser cette expression dans le sens que je lui attribue ici. En employant l'expression « renaissance classique », je cours évidemment le risque de faire croire aux gens que je fais allusion ici à la Renaissance des 15e et 16e siècles – renaissance qui n'était qu'une résurgence ou un regain d'intérêt pour le monde classique gréco-romain.

En revanche, je voudrais dans cette leçon attirer l'attention sur la Renaissance « classique » originelle, celle du quatrième siècle puisqu'il s'agit de celle-là même. Après tout, le mot « renaissance » et – comme la plupart des mots – n'est pas hermétique dans son sens et peut être employé de bien des façons ! Alors que j'étudiais le développement de la civilisation occidentale, j'avais repéré dans le cours de l'histoire ce que j'avais alors appelé différentes « floraisons » de paix, de calme et de foi. Plus tard, j'ai osé toutes les appeler « renaissances », en utilisant ce terme dans un sens plus général.

Concrètement, j'ai des raisons de croire qu'il y a eu cinq renaissances au cours des deux derniers millénaires de l'histoire occidentale. Après avoir identifié ces cinq « floraisons » ou « renaissances », j'ai remarqué que pour quatre d'entre elles, d'autres personnes avaient déjà utilisé le mot renaissance.

J'ai aussi découvert que si vous utilisiez une grille de cinq époques de 400 ans allant respectivement de l'an 0 à l'an 400, de l'an 400 à l'an 800, de l'an 800 à l'an 1200, de l'an 1200 à l'an 1600 et de l'an 1600 à l'an 2000, vous verriez que ces cinq renaissances se situent toutes dans les dernières parties de chacune de ces époques :

8. de 300 à 400 : la renaissance classique,
9. de 700 à 800 : la renaissance carolingienne ;
10. de 1100 à 1200 : la renaissance du douzième siècle ;
11. de 1500 à 1600 : la Renaissance ;
12. de 1800 à 2000 : la renaissance évangélique.

Chacune de ces époques ou « impulsions » est décrite plus en détail dans mon article intitulé « *The Kingdom strikes back* » (La revanche du Royaume) qui a été publié dans *Perspectives Reader* (1999). Dans cet article, j'ai fait un diagramme qui montre les parallèles fondamentaux qui existent entre ces cinq renaissances et les « impulsions » décrites par Latourette.

Relevons que la période florissante de la dernière époque de 400 ans a commencé plus tôt que le dernier siècle de cette même époque, soit aux alentours de 1800 au lieu de 1900. En fait, à chacune des cinq époques, la renaissance commence chaque fois un peu plus tôt ; et au fur à mesure que ces renaissances se succèdent, elles deviennent de plus en plus importantes. Ainsi, la renaissance de la cinquième époque, comparée aux précédentes, est pratiquement semblable à une explosion.

Je me dois de souligner que cette subdivision de 400 ans se veut seulement être une grille subjective et que, tout autant qu'une subdivision de cent ans, elle n'a fondamentalement aucune autre valeur pour la structure de l'histoire. Nul ne saurait prétendre que l'histoire s'articule exactement autour d'une subdivision précise de 400 ans ou autour d'une autre d'exactement 100 ans. Je pense juste que l'usage d'une telle grille ne s'avère nécessaire que pour y fixer les événements ; ce qui rend d'ailleurs les choses plus faciles que d'essayer de couvrir entièrement une longue période de 20 siècles.

Cela dit, même si ces renaissances correspondent approximativement à une subdivision de 400 ans, d'autres faits majeurs semblent ne pas tenir compte de cette grille, notamment le mouvement chrétien celtique et l'avènement de l'islam.

Relevons un autre détail remarquable : plusieurs de ces époques ont débuté dans un contexte de chaos ou de persécutions. À titre d'exemple, il y a la répression draconienne du gouvernement romain en ce qui concerne les 400 premières années, les invasions gothique et saxonne pour les 400 années suivantes et les invasions des Vikings au début des quatre siècles suivants.

Dans cette leçon, nous nous focaliserons sur le 4e siècle, donc sur notre première « renaissance classique ». Au cours de notre dernière leçon, nous avons déjà fait mention de l'abolition de la persécution sous Constantin et de l'âge de connaissances qui s'est ensuivi. Toutefois, il existait aussi des théories en vogue auxquelles il fallait s'opposer. C'est ce qui explique pourquoi l'essentiel des ouvrages d'Eusèbe décrie certains courants théoriques antérieurs.

L'exemple le plus formidable d'opposition au christianisme « standard » nous vient probablement d'un certain Marcion, riche homme d'affaires devenu finalement évêque. Son attitude vis-à-vis de la Bible fut d'adopter le message paulinien et d'ignorer tous les éléments antérieurs, émanant de la foi hébraïque. Il rejeta donc tout l'Ancien Testament et une grande partie du Nouveau – tout ce qui lui semblait plus hébraïque que grec. Pour lui, la religion de Paul supplantait celle des Juifs. Il fut donc le premier à trouver que l'Église n'était pas simple héritière de la foi juive – sous sa forme amenée à la perfection par Jésus – mais qu'elle remplaçait la tradition juive.

L'apparition d'une telle doctrine était prévisible, et cet ethnocentrisme à la Marcion nous hante jusqu'à ce jour chaque fois qu'il nous est difficile de comprendre comment la foi biblique pourrait être transférée d'un vase de terre à un autre. Par exemple, certains n'arrivent pas à comprendre comment un Hébreu avant

Christ aurait pu « naître de nouveau » ; comment un catholique avant Luther, comment un luthérien avant le réveil évangélique, comment un évangélique avant le mouvement charismatique, comment un charismatique avant l'émergence du mouvement des Églises de maison en Chine… auraient pu être réellement nés de nouveau.

Le marcionisme, qu'il soit ancien ou moderne, représente l'incapacité à voir la foi de l'autre dans un accoutrement qui nous est étranger, dans des coutumes autres que les nôtres.

Cependant, Marcion, étant sans doute lui-même un croyant consacré, a accompli – accidentellement – une bonne chose : les spécialistes pensent qu'en s'écartant radicalement de précieux documents, il a, en fait, contribué au processus de l'établissement du « canon », lequel est une liste de documents approuvés du Nouveau Testament. La LXX (Septante) avait déjà servi à définir ce que nous appelons à tort l'Ancien Testament, mais l'influence de Marcion a certainement dû accélérer la formation de ce que nous appelons – à tort aussi – le Nouveau Testament. Soit dit en passant, je pense qu'il serait mieux pour nous de parler plutôt de la première partie et de la seconde partie de la Bible.

Il se peut que l'on retrouve des traces de l'émulation assez substantielle suscitée jadis par Marcion dans une autre divergence majeure survenue un peu plus tard, le manichéisme. C'est par Mani que le dualisme zoroastrien (un dieu à la fois bon et mauvais) a été pleinement importé dans le christianisme, par le biais d'un puissant mouvement auquel adhéra en premier Augustin, le célèbre théologien du 4e siècle. Après quelques années, Augustin abandonna le courant manichéen et pencha vers le concept néo-platonique selon lequel toute manifestation du mal est l'œuvre mystérieuse d'un seul et bon Dieu.

Ce revirement de la pensée d'Augustin a dégagé les contours de ce que certains spécialistes considèrent aujourd'hui comme l'un des éléments syncrétiques les plus anciens existant dans le christianisme occidental. Il en a résulté une vague idée propagée au sujet de Satan qui stipule qu'étant complètement défait à la croix de Golgotha, Satan ne saurait plus « rôder autour de nous, cherchant qui il pourra dévorer ». Pourtant, cette citation émanant de la plume de Pierre fut bel et bien écrite après la croix.

Le pélagianisme que nous avons l'habitude d'appeler une hérésie constitue une autre des anciennes théories héritées par notre christianisme. Bien qu'aucun des écrits de Marcion ni aucun de ceux de Pelage ne nous soient parvenus jusqu'à aujourd'hui – seuls les critiques de leurs détracteurs le sont –, notre connaissance de Marcion semble bien meilleure que celle que nous avons de Pélage. D'ailleurs, Latourette avait trouvé nécessaire de suggérer que Pélage n'était probablement pas un pélagien, mais seulement un « semi-pélagien ».

En fait, il en va de Pélage comme de plusieurs autres anciens qui sont en général mal compris. Dans ce sillage d'incompris, les stoïques qui n'étaient pas vraiment stoïques, les épicuriens n'avaient pas des envies épicuriennes, la pensée de Jean Calvin diffère du calvinisme hollandais, et les puritains ne sont pas puritains.

En fait, plusieurs caractéristiques du christianisme occidental ne proviennent pas de la Bible et, parallèlement, plusieurs éléments de la Bible n'ont pas subsisté dans le christianisme occidental. Par exemple, les expressions « royaume de Dieu » et « royaume des cieux » qui apparaissent 98 fois dans le Nouveau Testament ne se retrouvent dans aucun des premiers crédos. On peut présumer que Constantin n'était point enchanté à l'idée qu'il existât un autre royaume en dehors du sien. Et même la croix n'était pas utilisée comme symbole au cours des trois premiers siècles de l'ère chrétienne.

On peut donc dire que chaque véhicule culturel de la foi – y compris notre forme ou expression de foi – ayant existé au cours de l'histoire, est en partie un vase de terre qui transporte la gloire de Dieu.

D'ordinaire, les gens supposent que la doctrine de la trinité a de tout temps été soutenue par les Chrétiens, mais pendant plus d'un demi-siècle, c'était une doctrine différente (nommé d'après le nom de l'évêque Arius – l'arianisme) qui tenait lieu de credo officiel de la chrétienté romaine. Il faut reconnaître que l'arianisme, le marcionisme, le manichéisme, l'augustinisme, le luthéranisme, le calvinisme et même l'islam contiennent des portions de vérité biblique. Il est vrai que certains de ces courants sont meilleurs que d'autres, mais aucun d'eux n'est parfait.

Heureusement, Dieu nous juge en fonction de notre cœur et pas seulement en fonction de ce que nous avons dans notre tête, encore moins sur la base de nos étiquettes. D'ailleurs, Donald McGavran (1955) a fait cette célèbre affirmation assez édifiante à ce sujet, lorsque parlant du phénomène gigantesque des mouvements marginaux africains (52 millions d'adeptes et plus de 10.000 groupes différents), il a dit : « Ce qui compte, ce n'est pas ce qu'ils croient à présent, du moment où ils continuent d'étudier la Bible ».

Le 4ᵉ siècle constitue la fin d'une période riche en changements significatifs. Au cours de ce siècle, les disciples de Christ se virent finalement forcés par le politique d'endosser le label de « Chrétiens » quoique personne dans le Nouveau Testament ne se soit appelé par ce terme. En fait, ce mot était utilisé, à l'image de l'expression « cinglés du Messie », par des personnes étrangères à la foi pour désigner les disciples de Christ de manière sarcastique.

Dans les termes de Rodney Stark (1997), le 4ᵉ siècle est celui de l'émergence et de la divergence de deux formes de christianisme : l'Église du pouvoir et l'Église de la piété. L'Église du pouvoir renvoie à un ensemble d'activités religieuses à caractère public et officiel en partie financées par le gouvernement romain, auxquelles participaient tous les citoyens romains, chrétiens ou non. L'Église de la piété, quant à elle, désigne l'ensemble des petites communautés d'élites, des communautés hautement sélectives (ordres) de « moines », dont le niveau de consécration, s'efforçaient de surpasser de loin la morale publique de leurs contemporains.

Les « ordres » se sont révélés être d'une grande bénédiction pour le christianisme occidental. Ils ont entretenu des bibliothèques et fait des copies de livres chrétiens et séculiers. N'eût été leur labeur, il existerait aujourd'hui seulement quatre manuscrits provenant de l'Empire romain ! Célèbre spécialiste des questions médiévales à l'Université de Californie à Los Angeles (ULCA), Lynn White Jr. affirme que sans les efforts de ces ordres dans le domaine de la littérature, nous ne saurions pas plus aujourd'hui au sujet de l'Empire romain que ce que nous savons de l'ancien Empire géorgien, apparemment splendide. Ces moines qui, chaque semaine, chantaient les psaumes de leur manière furent « les premiers intellectuels à se salir les ongles des doigts », dans les termes de White.

Quant à l'Église du pouvoir de Rome, on ne peut pas dire qu'elle brillait par l'envoi des missionnaires au-delà de ses frontières au cours de la période relativement courte du 4ᵉ siècle. Certes exilait-elle les « hérétiques », notamment les leaders ariens dont la forme de foi fut rejetée par les Romains 60 ans après son apparition, mais adoptée par les tribus gothiques. Cette poussée missionnaire non intentionnelle explique en grande partie le fait que lorsque plus tard, les tribus barbares envahirent l'Empire, non seulement leur forme de foi était perçue comme « hérétique » par les Romains, mais ils se montrèrent relativement non violents dans leur entreprise de conquête. Ils s'abstinrent de molester les femmes et surent tenir parole. D'ailleurs, certains des aristocrates romains les trouvaient même plus chrétiens que les Romains.

Ironie de la chose, ce qu'on appelle « chute » de l'Empire romain renvoie d'ordinaire à une simple invasion de la péninsule romaine (aujourd'hui italienne). Or, on manque souvent de souligner que cet événement sans précédent comporte deux facteurs très positifs.

Il s'agit en premier lieu d'un niveau élevé de développement militaire des tribus vivant au nord de l'Empire (l'Europe centrale) dont les troupes avaient été, pendant plusieurs décennies, tantôt incorporées dans les légions romaines, tantôt exclues de ces légions.

En second lieu, la pression menée par les Huns à partir des steppes d'Asie constitue l'élément déclencheur du déclin de Rome à l'Ouest. Dans leur élan d'invasion de l'Europe, les Huns poussèrent progressivement les tribus gothiques, alors faiblement christianisées, à l'intérieur du territoire de l'Empire, et Alaric finit par conquérir Rome en 410. Quarante ans plus tard, les Huns eux-mêmes arrivèrent aux portes de Rome. Mais alors, le siège de l'Empire ne se trouvait plus dans la cité de Rome, mais plutôt à Constantinople (l'actuel Istanbul), où il avait été déplacé plus de cent ans auparavant.

À la fin du 4e siècle, alors que les tribus gothiques étaient des Chrétiens superficiels, la foi pénétra les milieux celtiques de l'Europe sous une forme si profonde qu'elle y favorisa en un temps record le développement d'une grande érudition. Dans notre prochaine leçon, nous nous attarderons davantage sur ce remarquable virage des Celtes vers Christ.

Ainsi, à la fin du 4e siècle, Pélage – duquel nous avions parlé un peu plus haut – était un témoignage vivant de cette érudition biblique assez avancée que les peuples celtiques avaient développée. Pélage était si cultivé qu'il embarrassait les théologiens latins, notamment Augustin. Mais comme il provenait d'un milieu ethnique généralement méprisé par les Latins et les Grecs, les érudits le méprisaient, persuadés qu'ils ne pouvaient rien apprendre de lui ni se ranger à ses opinions. Par sa langue maternelle, Pélage appartenait à la sphère celtique. Pourtant, à son arrivée à Rome, il maîtrisait le latin, le grec et l'hébreu ; alors que la plupart des savants latins comme Augustin ne connaissaient que le latin. Il y eut donc un tollé considérable contre lui. Les doctrines pour lesquelles il fut blâmé furent condamnées (on le trouvait trop optimiste quant à la volonté humaine). Mais dans nombre de procès où il faisait face à ses détracteurs, il était capable de se défendre lui-même avec succès ; surtout dans cette partie est de l'Empire où le grec était d'usage et où ses accusateurs latins devaient se faire comprendre à l'aide d'interprètes. Dans leur majorité, les divergences de points de vue des deux parties en présence au cours de ces procès pouvaient être qualifiées de sémantiques. Mais il est probable que des gens comme Jérôme qui considéraient les Celtes comme des « cochons », s'étaient fixés au préalable le devoir d'arriver, d'une manière ou d'une autre, à une forme de rejet formel des idées de Pélage.

Néanmoins, Pelage se pose comme une icône durable d'une érudition biblique déjà incroyablement avancée en l'an 400 parmi certaines tribus celtiques – ces tribus de chasseurs de têtes – parmi lesquelles la foi biblique avait gagné du terrain de façon profonde et permanente. Dans notre prochaine leçon, nous verrons combien leur enracinement dans la Bible leur a permis de « ré-évangéliser » ce que nous appelons aujourd'hui l'Angleterre après que les Anglo-saxons ont envahi toute la partie sud de ce territoire. Nous verrons aussi comment ces tribus celtiques ont manifestement contribué à la renaissance de la foi chrétienne à la fin de la deuxième époque (400-800). En fait, il est difficile de s'imaginer comment la tradition chrétienne en Occident aurait subsisté sans l'aide et sans l'apport de ces croyants celtes, des croyants provenant du champ missionnaire.

Curieusement, la chute de la puissance romaine à l'Ouest, après l'an 400, avait permis à la foi de se répandre au-delà des frontières romaines. À l'Est cependant, la puissance militaire romaine, à cause de son identification au christianisme, avait, par ses manœuvres constantes, contribué à empêcher la progression de la foi au-delà des limites orientales de l'Empire. C'est ce qui explique pourquoi l'islam a émergé, non pas en opposition à la foi biblique qu'il essaya d'embrasser des Chrétiens qui en avaient une conception erronée –, mais en opposition à Rome.

Je crois que nous pouvons établir un parallèle entre l'émergence sans entraves du christianisme en Europe de l'Ouest après le déclin de la Rome occidentale et l'expansion continue et pareillement accélérée du christianisme dans ce qui fut le monde colonial, depuis le départ plutôt brusque des puissances colonisatrices après la Seconde Guerre mondiale.

Dans les prochaines leçons, nous verrons qu'en Europe de l'Ouest, même la version latine de la foi biblique – en dépit d'être considérée comme foi universelle avec Rome comme centre – a en fin de compte cédé la place à plusieurs versions culturelles de la foi, aussi bien avant et après les événements en rapport avec la « Réforme protestante » tumultueuse.

Chapitre 10
LA RENAISSANCE CAROLINGIENNE

Le fait de commencer dans un chaos et de finir par une renaissance de la foi dans un nouveau bassin culturel n'est pas une particularité de la deuxième époque, celle comprise entre l'an 400 et l'an 800. Car c'est précisément en cela que cette deuxième époque est semblable aux autres époques de 400 ans. Cependant, deux événements majeurs différencient l'époque dont il est question ici de toutes les autres : la progression continue du christianisme celtique, même au début de cette période, et l'avènement de l'islam, comme religion rivale, vers la fin de cette période.

Toutefois, l'événement le plus significatif reste la montée des «barbares » et leur conversion au christianisme à la fin de cette période. Par « barbares », nous entendons ici principalement les peuples gothiques. Consécutivement au mouvement de terreur provoqué par les Huns qui les pressaient depuis l'Est, ces peuples furent forcés de faire une invasion qui culmine par leur conquête de la ville de Rome, qui avait été le siège de l'Empire jusqu'à ce que Constantin le déplaçât à l'actuelle Istanbul en Turquie.

On associe en général les invasions barbares à la chute de Rome. Nul doute que ces invasions aient pour le moins causé la chute de la ville de Rome, mais elles n'ont pas vraiment mis un terme à l'Empire puisque longtemps auparavant, le siège de l'Empire avait été transféré à Constantinople. Et même, l'Empire a continué d'exister avec force pendant plusieurs siècles dans sa partie orientale – en dépit du fait que des spécialistes occidentaux aient généralement choisi d'appeler cette continuité orientale l'Empire byzantin.

De surcroît, la prise de la ville de Rome ne s'est pas faite sans opposition. En effet, le reste de l'Empire a continué d'envoyer ses troupes afin de la reconquérir, et ce pendant un siècle de guerre intermittente qui a causé une baisse de 90% de la population de la Péninsule italienne. On peut mesurer l'ampleur de ce conflit lorsqu'on le compare aux dix ans de guerre sporadique au Vietnam au cours de laquelle la population du Nord et de Sud n'a pas diminué, mais a doublé en nombre.

Les nouveaux maîtres de la ville de Rome étaient des «barbares» au moins en partie christianisés. Ils s'efforcèrent de poursuivre l'exercice du rôle habituellement dévolu à la moitié occidentale de l'Empire. Ils adoptèrent vite la théologie catholique au détriment de leur théologie arienne du départ. C'est ainsi que le mouvement bénédictin gagna le nord, établissant près de 800 centres monastiques – des centres d'art, de littérature, de conservation de la science et de la technologie romaines – là même où l'on trouvait auparavant les premiers bastions celtiques.

Vers 440 après J.-C., l'effondrement de la puissance militaire romaine à l'Ouest avait permis aux « véritables » barbares, c'est-à-dire les Angles, les Saxons et les Frisons germaniques de se ruer sur le sud de l'Angleterre au moment même où les légions romaines commençaient à se retirer pour défendre leurs frontières orientales. Ces envahisseurs qu'on a plus tard appelés les Anglo-Saxons, finirent par se convertir, d'abord par les Chrétiens celtiques qu'ils firent déplacer. Puis, ils embrassèrent progressivement les formes extérieures de la version romaine du christianisme.

Même de nos jours, l'archevêque anglican de York au nord de l'Angleterre arbore des vêtements sacerdotaux aux caractéristiques du christianisme orthodoxe d'Orient (le christianisme celtique tirant ses origines de l'extrémité est de l'Empire) tandis que l'archevêque de Canterbury au sud porte des vêtements de type romain. Ce n'est que 1000 ans plus tard que les Irlandais celtes embrassèrent totalement la religion romaine. Ce fut leur manière à eux de maintenir une certaine distance entre leur propre sphère culturelle et celle des Anglo-Saxons qu'ils haïssaient, puisque ces derniers venaient tout juste de se désolidariser d'avec Rome (sous Henry VIII).

Or, force est de constater que tout au long de la période de 400 à 800 apr. J.-C., les Chrétiens du « champ de mission » de la sphère celtique possédaient la forme d'érudition la plus avancée de toute la tradition chrétienne d'alors ; et c'est par le biais très important de cette érudition qu'ils « sauvèrent la civilisation », selon les termes de Thomas Cahill (1996).

Cependant, la tradition romaine refuse cette vision des

choses. La dernière leçon nous a appris combien Pélage incarnait l'érudition avancée du mouvement celtique déjà en l'an 380. D'ailleurs, à la fin de notre période, Charlemagne faisait recruter 3.000 enseignants celtiques pour les écoles disséminées sur tout le continent. En outre, ce que l'on considère aujourd'hui comme les œuvres d'art les plus accomplies de toute l'histoire, doivent en fait être comprises dans la perspective de l'usage celtique d'« illuminer » les manuscrits bibliques par respect pour leur contenu. De nos jours, le « Livre de Kells » est probablement la plus précieuse œuvre d'art au monde.

Le mouvement celtique est célèbre pour la sévérité des punitions (remèdes) qu'elle prescrit à toute conduite pécheresse. Un énorme livre décrivait ces punitions, souvent effrayantes, portant sur tous les péchés, de l'orgueil à l'adultère. Cet élément de leur version de la foi fit une si grande impression sur les Romains que ces derniers l'appelèrent « le livre romain de prières pénitentielles ». La paternité de la coupe de cheveux assez particulière (la tonsure) des Celtes ne fut jamais revendiquée par l'Église romaine, mais le «col romain » est d'origine celtique, tout comme l'ensemble des lettres minuscules de « l'alphabet romain » utilisé à ce jour.

D'un point de vue purement missiologique, l'un des faits les plus marquants de toute cette époque fut sans doute les importants efforts déployés par le courant romain en direction du Nord en vue de « convertir » aux coutumes et au calendrier du christianisme latin le mouvement celtique de Grande-Bretagne. Ce fut là une tentative tardive de la partie romaine de forcer un mouvement de type missionnaire à accepter la culture des missionnaires méditerranéens.

Seulement, cette entreprise devait s'avérer intrinsèquement difficile, puisque, comme nous l'avions déjà souligné, le mouvement celtique était déjà bien implanté. Par ailleurs, de nombreuses différences séparaient les christianismes de l'Est à ceux de l'Ouest méditerranéens, respectivement grec et latin ; et comparativement à cela, il aurait été bien plus facile d'établir un lien d'attache entre le christianisme grec et sa version celtique. Toutefois, le clivage entre Latins et Celtes ne pouvait être que superficiel puisqu'il s'articulait seulement autour d'éléments tels que la tonsure et la date de célébration de Pâques. Mais c'est entre Celtes et Anglo-Saxons que le fossé était le plus profond. Des différences fondamentales séparaient leurs langues, leurs cultures et, pire encore, leurs statuts respectifs d'alors (envahisseurs d'une part et envahis de l'autre).

Une légende populaire particulièrement répandue par la tradition romaine raconte que toute cette crise fut résolue par le synode de Whitby, une rencontre de leaders celtes et romains convoquée par Wilfred et tenue en pleine forêt aux alentours de 663. En réalité, ce synode fut loin d'avoir mis fin aux dissensions. Dans la description qu'il fit de cette rencontre un siècle après, Bede rapporte en toute franchise qu'à cette époque, les Celtes commençaient déjà à adopter des manières romaines : ce qui n'était qu'une victoire superficielle pour les Romains. Mais, on peut tout de même affirmer que malgré le siècle de recul, Bede trouvait les émissaires romains hautains contrairement à leurs vis-à-vis celtiques dont l'humilité était manifeste.

Dans les faits, c'est par une kyrielle d'initiatives – stratégie digne du concile de Jérusalem qui présida au choix et à l'envoi de Barnabas le biculturel à Antioche – que les Romains s'y prirent pour réaliser leur dessein. Rome, dans une démonstration impressionnante d'intelligence, se choisit un homme, Théodore, afin de l'établir archevêque des Chrétiens anglo-saxons. C'était un homme de double culture, originaire de Tarse à l'Est, mais qui se trouvait être loyal à Rome. À 66 ans, il fut envoyé en Angleterre avec pour ordre de mission de faire de son mieux pour réconcilier les deux formes de christianisme (de Grande-Bretagne). Il resta trois mois à Rome, retardant intentionnellement son voyage afin de faire pousser ses cheveux comme le veut la tradition romaine.

Ouvrons ici une parenthèse pour rappeler que six décennies plus tôt, les fondements posés par Augustin de Cantorbéry (à ne pas confondre avec l'évêque nord-africain et théologien influent, Augustin d'Hippone) n'étaient point favorables à l'émergence de la culture celtique. Apparemment, ce dernier ne partageait pas les perspectives missiologiques de son supérieur, le Pape Grégoire 1er le Grand, perspectives qui prenaient en compte le facteur contextuel. La philosophie d'Augustin supposait que l'existence d'« un seul baptême » commandait *ipso facto* une uniformité des coutumes.

Avant la venue de Théodore, Wilfred, l'instigateur du synode de Whitby et de ses résolutions favorables à Rome, était évêque d'un territoire immense. À son arrivée, Théodore le morcela en quatre parties, s'attirant par là le courroux de Wilfred, son cadet d'âge. L'opposition de ce dernier à Théodore fut sanctionnée plus d'une fois par une expulsion de Wilfred de la Grande-Bretagne. En fait, dans l'objectif d'harmoniser les coutumes celtiques et romaines, Théodore adopta la logique suivante : tenir davantage compte de la répartition des centres monastiques que des frontières municipales. Le second synode sous l'égide de Théodore, convoqué aux alentours de 668, réalisa une grande partie de ce qu'on a traditionnellement attribué à Whitby.

L'influence de Théodore fut durable en partie à cause du fait qu'il a assuré ses fonctions pendant plus de vingt ans, quoiqu'il les ait prises à l'âge de 66 ans seulement. Intelligent, ferme et perspicace, il souligne, par son rôle, à la fois la divergence (jamais résolue de façon définitive) de deux cultures, mais aussi la réelle flexibilité du compromis qu'il contribua à établir. Aujourd'hui encore, plus de mille ans après, on peut attribuer l'origine de l'expression « premier parmi ses pairs » au fait que des deux archevêques de l'Église anglicane, York et Cantorbéry, le second fut considéré comme étant le premier d'entre ses pairs.

Il est intéressant de noter que malgré l'éloignement culturel des sphères celtique et romaine et les différences qui les séparaient, cela n'a jamais donné lieu à une confrontation militaire de grande ampleur, comme ce fut le cas quelques années plus tard après la traversée des Pyrénées par des troupes islamiques décidées à convertir toute l'Europe à l'islam. Or, avec l'arrivée de l'islam, il y avait désormais trois différents « vases de terre » portant la vraie foi : le latino-romain, le celtique et le sémitique (islam) ; chacun d'eux s'appuyant dans une certaine mesure sur la Bible. Et même s'ils usaient de termes différents, ils reconnaissaient néanmoins le même Dieu. Le mouvement islamique représente une culture dans laquelle le mariage pluriel est acceptable, mais pas l'homosexualité. Pour les Grecs et les Romains, c'est tout le contraire. Le mouvement islamique a hérité d'une plus grande part de la civilisation avancée de Rome lorsqu'on la compare à ce qui est resté de cette civilisation dans la Méditerranée occidentale après l'invasion des Goths. Mais à ses débuts, ce mouvement avait hérité d'une forme particulièrement incorrecte du christianisme et de quelques parties seulement de la Bible. Les intellectuels celtiques, en revanche, étaient d'une érudition assez poussée dans l'étude de la Bible sans être pour autant aussi raffinée que chez les Méditerranéens. Mais de tous les trois, c'est l'islam qui présentait l'inconvénient principal : il était le moins lié à la Bible.

Néanmoins, tous possédaient des défauts et ils étaient tous de cultures différentes. Les ingrédients favorables au malentendu et à l'opposition mutuelle étaient réunis, mais en même temps, cette situation permettait d'envisager que notre foi soit véhiculée par des « vases de terre » totalement différents. Voilà ce qui confère au christianisme (et dans une moindre mesure à l'islam) aujourd'hui le caractère unique des avantages qu'il a sur les autres religions majeures. En revanche, lorsque des gens d'une quelconque tradition suggèrent que ce soit leur propre vase de terre qui fasse office de paradigme, alors cet avantage est perdu.

Ainsi lorsque certains parlent de l'extinction de l'Église chrétienne en Afrique du Nord, ils occultent par cette façon de s'exprimer sur le fait que pour la plupart des parties concernées, il s'agissait tout simplement de l'échange d'un vêtement romain mal approprié contre un revêtement sémitique bien ajusté. Le Nouveau Testament avait déjà été le théâtre d'une telle mutation latérale, d'une culture vers une autre. Et le fait que Mohammed ait fondé une tradition culturelle sémitique n'a rien en soi de contraire à ce même processus néotestamentaire. Il n'y a rien de mauvais à employer l'arabe ou d'adresser ses prières à Allah, ni dans le fait de prier cinq fois par jour ou encore dans le fait de croire en la naissance virginale de Jésus. En réalité, ce sont des éléments que Mohammed a empruntés aux Chrétiens. D'ailleurs, 500 ans avant la naissance même de Mohammed, les Chrétiens arabes adressaient leurs prières à Allah. Aujourd'hui encore, partout dans le monde, 30 millions de Chrétiens s'adressent à Allah dans leurs prières et voient ce même mot imprimé dans leurs bibles.

Ce qu'il y a de regrettable tout de même avec l'islam en particulier, c'est que les Chrétiens avec lesquels Mohammed était en contact possédaient uniquement quelques parties de la Bible et, par ricochet, avaient une opinion erronée sur la Trinité (que Mohammed avait raison de rejeter). Le Coran laisse autant à désirer que le Livre de Mormon, même si beaucoup de personnes sont venues à Christ en lisant le Coran. Pires encore sont les écrits et les traditions qui lui furent ajoutés plus tard. La plupart des choses que l'on peut reprocher à l'islam furent soit développées après Mohammed, soit de simples traits de la culture arabe. Il en est de même de plusieurs traits du christianisme qu'on ne peut reprocher à la Bible. Ce sont des traits développés postérieurement à la Bible ou représentant simplement la culture méditerranéenne (tels que le célibat et l'homosexualité).

La perspective de voir la foi se diluer progressivement, d'abord au moment où elle épousa la culture grecque, puis lorsqu'elle passa à la culture latine et ensuite lorsqu'elle fut transmise à la culture germanique et ainsi de suite, aurait été alarmante. Cependant, la solution qui fut constamment apportée à cette dilution était que chaque nouveau groupe culturel remplaçait finalement la vision missionnaire de son prédécesseur grâce à la connaissance qu'il tirait directement de la Bible. Voilà qui nous enseigne que tous les mouvements ecclésiastiques devraient en définitive avoir un accès direct à la Bible.

À ce sujet, on peut constater que pendant la période allant de 400 à 800 après J.-C., le mouvement celtique avait un contact direct et réel avec la Bible contrairement aux Musulmans qui n'en avaient point (une fois l'islam fondé au 7e siècle). De nos jours, les Musulmans ont toujours et par-dessus tout besoin d'un contact avec la Bible. Les pousser simplement à « accepter Christ » et à se faire appeler « Chrétiens » n'est simplement pas suffisant. En fait, le changement de nom n'est même pas nécessaire alors qu'un contact réel avec la Bible est indispensable.

Dans le premier des quatre volumes de son *Histoire des peuples de langue anglaise*, Winston Churchill (1969) raconte comment le monde européen fut secoué par « deux assauts violents venus de l'extérieur ». Il faisait allusion à la grande armée musulmane des Sarrasins qui traversa les Pyrénées depuis l'Espagne jusque dans la France actuelle et qui fut littéralement défaite en 732 pendant la bataille de Tours au centre de la France. Il faisait aussi allusion à un assaut bien pire en gravité venant du Nord, mené pendant 250 ans par les « Scandinaves » ou Vikings qui, depuis la Scandinavie actuelle, parvinrent jusque dans le milieu de l'Europe. Mais cet assaut des Vikings se situe dans la période allant de l'an 800 à l'an 1200.

Toutefois, l'« assaut » le plus continu qu'ils dirigèrent contre la sphère gothique fut leur infiltration tranquille et non militaire dans des centres celtiques puis bénédictins – environ 800 centres, comme mentionnés précédemment. Ces centres tiraient leur origine d'un phénomène particulier appelé monachisme par lequel des hommes non mariés, renonçant au mariage (cédant à la haute estime méditerranéenne du célibat) s'unissaient pour plusieurs raisons : la consécration à Christ, le besoin de sécurité, et – à une ère de grandes turbulences – le désir de préserver la technologie et la littérature romaines. Le trait de caractère le plus important de ces hommes était sans doute leur révérence profonde de la Bible. Avec soin, ils copiaient cette dernière, et chaque semaine, traduisaient dans des psaumes leur expérience quotidienne ; voilà qui constituait alors l'essentiel même de leur existence. N'eussent été le dynamisme et la piété de leurs centres, nous ignorerions aujourd'hui encore tout de l'Empire romain et de la Bible.

Car, mis à part les documents copiés et légués dans ces centres monastiques, seuls quatre manuscrits de l'époque romaine ont subsisté. Toutes les grandes cités européennes actuelles étaient jadis comme de petits points sur une carte – tout comme le furent certaines de nos villes américaines à l'instar de Bethlehem en Pennsylvanie qui font partie des agglomérations jadis fondées par la Mission morave dans les forêts d'Amérique du Nord.

De nos jours, on entend des gens dire que c'était une erreur d'implanter là-bas de telles « stations missionnaires » et de s'attendre à ce que les gens autour s'adaptent à une nouvelle culture importée de loin. Mais en réalité, c'est bien ce qui s'est passé à de nombreux endroits. Et cela a fonctionné ! Voilà pourquoi le latin est devenu une langue fédératrice en Europe et en Amérique, pendant tant de siècles, et même après l'avènement de l'imprimerie et de l'usage écrit des langues vernaculaires. Pas plus tard que dans les années 1940, le latin était encore largement enseigné dans les écoles européennes et américaines. Et jusqu'à nos jours, il continue d'être la langue unificatrice de l'Église catholique romaine.

Faut-il s'étonner de constater qu'après l'époque où les légions romaines constituaient une menace (pour presque tout le monde), la langue et la culture romaines du mouvement bénédictin, préférées à la tradition celtique austère, soient devenues le modèle par excellence en raison du prestige passé de l'Empire romain qui est longtemps resté dans les mémoires ? Notons cependant qu'il a fallu la chute de Rome pour que sa religion se répande, de même qu'il a fallu l'effondrement du colonialisme moderne pour qu'émergent les Églises nationales. Cependant, toutes proportions gardées, on ne saurait surestimer l'influence considérable de la tradition biblique celtique, fort raffinée.

Ce fut le grand-père de Charlemagne qui mit un terme à l'invasion de la France par les Musulmans. Charlemagne lui-même, de l'avis de quelques intellectuels, fut le souverain le plus influent de la terre pendant les mille années qui précédèrent et suivirent sa vie. Mais rappelons-nous que c'est lui qui recourut aux services de 3.000 enseignants celtes pour fonder des écoles destinées au petit peuple. Il fut celui qui adopta leur orthographe – « la minuscule celtique » qui aujourd'hui forme les lettres minuscules de notre alphabet – alphabet pourtant appelé romain.

Le dernier siècle de l'époque de l'an 400 à 800 mérite amplement la désignation que des spécialistes lui ont donnée : la renaissance carolingienne. C'est l'une des principales raisons pour lesquelles je pense qu'il faut abandonner le dédain avec lequel on a appelé « Age des ténèbres » la période suivant la chute de Rome occidentale. La renaissance carolingienne fut la cime du rayonnement et de l'ennoblissement d'où est montée l'Europe tribale et « barbare » d'alors. Il est dommage qu'elle ait été annihilée en grande partie par les Vikings. Ce sera le sujet de notre prochain chapitre qui couvre la prochaine période (de 800 à 1200 après J.-C.).

Chapitre 11
LA RENAISSANCE DU 12ᴱ SIÈCLE

L'histoire se relate souvent en utilisant des noms, des dates et des lieux. Or, l'histoire n'est pas seulement celle d'un grand nombre de personnes, mais elle peut être aussi celle d'un petit groupe ethnique devenu malgré lui acteur d'une gigantesque pièce de théâtre.

De toute l'histoire de cette planète, les deux derniers millénaires constituent la tranche de temps la plus passionnante à étudier. Cette tranche s'offre à voir comme une pièce de théâtre en cinq actes, dont chaque acte, d'une durée de 400 ans, décrit le processus d'expansion du royaume de Dieu d'un bassin culturel à un autre et se clôt par une renaissance d'un genre particulier. La présente leçon se focalisera particulièrement sur le troisième acte, s'étalant elle aussi sur 400 années.

Dans cette longue tranche de 2000 ans – en plus des Scandinaves dont les territoires furent envahis par l'Évangile et desquels nous parlerons un peu plus loin – on a comme premiers principaux acteurs les Sémites juifs au milieu desquels le royaume ou le règne de Dieu s'était déjà manifesté pendant plusieurs siècles auparavant. On a aussi les Romains qui représentent à la fois les sphères culturelles grecque et latine parmi lesquelles le royaume de Dieu s'est manifesté au cours des 400 premières années. Ensuite, on a les Goths au milieu desquels le royaume de Dieu a commencé à se manifester très tôt, puis s'est amplement développé au cours des 400 années qui ont débouché sur l'acmé de la renaissance carolingienne. Il convient de noter ici que le peuple qui a eu le plus d'influence au cours de cette deuxième époque fut sans doute le peuple celte, principal acteur du second acte.

L'expansion du royaume de Dieu a été moins spectaculaire et moins durable dans la sphère géographique allant de l'Europe orientale jusque vers la Chine et les Philippines à l'Est et en Éthiopie au Sud. Cependant, le nouvel acteur majeur au cours du troisième acte – toujours dans la logique de l'expansion du royaume – se trouve être les Vikings, devenus les Scandinaves modernes.
Dans ce troisième acte, on assiste à une accélération de l'histoire due

aux interactions déterminantes entre Latino-Romains, Goths, Celtes et Vikings.

En l'an 800, la progression de l'islam en direction du Nord avait été arrêtée. L'une des raisons probables à cela serait que les leaders musulmans, s'étant auparavant rendus maîtres de la grande civilisation méditerranéenne, ne trouvaient aucun intérêt à pousser leur conquête vers le Nord dans un territoire peuplé d'analphabètes et de « barbares ». Or, en l'an 800 déjà, les barbares gothiques avaient effectivement « vu une grande lumière ». Ils avaient pour chef Charlemagne, un personnage exceptionnel (pieux, humble et savant) et ils disposaient aussi de centaines, sinon de milliers d'écoles pour leurs enfants. Le mouvement celtique était en grande forme. Charlemagne et le continent lui doivent presque tout.

Sur le continent cependant, Charlemagne faisait face aux Saxons qui, comme un caillou dans sa chaussure, attaquaient sans cesse son royaume. Ces Saxons étaient les frères de ceux qui, dans un passé récent, avaient envahi la Grande-Bretagne avec succès et étaient devenus dans une certaine mesure des Chrétiens. Mais le reste qui n'avait jamais quitté le continent était demeuré païen et très hostile. Charlemagne se rendit compte qu'il se devait de les traiter durement. Concrètement, cela consisterait à déloger des milliers de personnes et à les déplacer très loin dans l'arrière-pays. C'est ce qu'il fit, aboutissant ainsi à la création de ce qu'on s'appelle à présent la Saxe, une région de l'Allemagne.

Cependant, un autre facteur perturbateur devait bientôt apparaître. On raconte qu'en l'an 800, alors qu'il se faisait couronner empereur du « Saint Empire romain » à Rome, Charlemagne lança un coup d'œil sur la haute mer et vit des navires de Vikings. Il discerna prophétiquement que ces derniers poseraient un réel problème. C'est ce qu'ils firent effectivement au cours de l'époque dont il est question dans cette leçon. Mais, ce que Charlemagne ignorait à ce moment précis – en l'an 800 – c'est que Lindisfarne, l'un des importants avant-postes monastiques au large de la rive orientale du Nord de l'Angleterre, avait déjà été impitoyablement pillé et ses moines avaient été tués. Et durant les décennies qui suivirent, ce monastère allait subir le même sort 13 fois de suite.

La paix, le calme et le sang-froid des habitants de l'Irlande, de l'Écosse, de l'Angleterre et du milieu de l'Europe furent bientôt sapés, ravagés continuellement pendant 250 ans par ces pirates cruels venus du grand nord. En effet, les chroniqueurs médiévaux associent toujours aux Vikings des scènes d'hécatombe et des cadavres répandus dans tous les sens. D'ailleurs, le livre de prières anglais a gardé pendant plusieurs années la phrase : « De la violence des Vikings, Seigneur, délivre-nous ! »

Il était difficile de s'opposer à leur dévastation parce qu'ils venaient par la mer. Dans leur grande majorité, les centres monastiques étaient mieux protégés des agressions terrestres puisqu'ils tournaient le dos à la mer par laquelle, jusqu'avant l'arrivée des Vikings, il n'y avait eu aucune attaque. Ces centres étaient soudainement devenus vulnérables.

Sans avertissement, les Vikings apparaissaient, à la vitesse d'un porteur de message d'une armée ennemie en marche. Ils attaquaient souvent en nombre réduit, mais avec le temps, leur nombre fut de plus en plus grand. Ils se présentaient d'abord de façon intermittente, puis choisissaient de rester en exigeant des paiements de ceux à qui ils permettaient de vivre. Leur territoire d'avant-poste en Angleterre fut appelé le domaine de « Danegeld » (l'or des Danois), car l'on pensait qu'ils étaient tous Danois.
Ils furent finalement repoussés au Sud de Londres par des personnages tels qu'Alfred le Grand, un chef anglo-saxon d'une foi profonde, par lequel la traduction de certains documents clés de la langue latine prééminente vers la langue germanique des Anglo-Saxons avait été possible.

En l'an 900, tout était au point mort. Des centaines de monastères celtiques et bénédictins avaient été détruits. Les autres étaient tombés en ruine. Mais un autre phénomène vit le jour, phénomène baptisé la réforme de Cluny. En 910 fut fondé à Cluny, au centre de la France, un monastère bénédictin résolument nouveau. Ce monastère se révéla être d'un statut tout à fait unique. Il était manifeste que ce monastère était directement soumis à l'autorité du Pape et ne pouvait en aucun cas être réquisitionné par les rois et les évêques locaux, comme c'était le cas pour d'autres centres monastiques chaque fois qu'ils parvenaient à un niveau de richesse enviable.

Le modèle de Cluny se répandit assez rapidement. Des dizaines, puis des centaines de nouveaux centres bénédictins reformés vinrent s'ajouter à ce modèle original. Le centre de Cluny, soulignant la prééminence de l'adoration sur le travail, parvint à un niveau de développement artistique et liturgique d'une très grande complexité. Son édifice en lui-même fut construit et reconstruit à plusieurs reprises jusqu'à ce qu'il devienne le centre religieux le plus impressionnant, sur les plans physique et politique, de toute la zone située au nord des Alpes.

L'art sacré y fut placé au premier rang – la complexité liturgique exigeait l'élaboration d'un plan architectural exquis – et la célébration de la messe finit par durer une journée entière. Cependant, l'énorme et opulent centre « Cluny III » fut sérieusement endommagé pendant la Révolution française. Aujourd'hui, il est devenu un musée.

L'aspect le plus novateur de la réforme de Cluny fut le fait que les évêques locaux n'avaient pas le droit de diriger les centres de type Cluny. Cela présageait la grande turbulence de la « querelle des investitures » pendant laquelle tous les centres – non pas seulement ceux de type Cluny – échapperaient aux contrôles de l'autorité séculière et de l'autorité religieuse locale et par laquelle la nomination des évêques devait graduellement ne plus relever de la compétence de l'autorité séculière ni requérir l'assentiment de cette dernière. Le dernier conflit entre Henri IV de France, le souverain du Saint Empire romain et le Pape d'alors démontre à souhait que les évêques pouvaient perdre leurs positions.

Le type Cluny, en avance sur son époque, possédait cette autre chose de fondamentale : une nouvelle forme de liberté qu'on pourrait qualifier de « règlement sans administration ». Le Pape était non pas l'administrateur, mais le régulateur des établissements de type Cluny. Cela demeurait en quelque sorte théorique puisque l'éloignement géographique d'avec le Pape réduisait grandement l'autorité réelle de ce dernier sur ces établissements. Néanmoins, cela scella l'autonomie des abbés locaux par rapport aux évêques diocésains régionaux. Le diocèse désignait alors une sphère religieuse couvrant l'ensemble d'une zone géographique dont les habitants étaient, de gré ou de force, tous membres. Au contraire, le centre monastique constituait formellement, pour ceux qui en devenaient membres, une étape supérieure dans laquelle ils s'engageaient.

Depuis quelques années, j'essaie de vulgariser deux termes techniques qui se rapportent respectivement à ces deux structures : la modalité et la sodalité. L'appartenance à une Église, à une famille ou à une communauté (modalité) est en général automatique ou du moins s'obtient au « bénéfice du doute », tandis que l'adhésion à «un ordre» (sodalité) est un processus long et complexe dans lequel il n'y a pas de place pour le doute. Dans la modalité, on peut se passer du leader ; dans la sodalité, on se passerait bien du disciple.

Le mouvement Cluny est resté le modèle monastique prédominant jusqu'à ce qu'émerge un modèle tout à fait nouveau et bien plus influent : celui des Cisterciens. Quoique restés bénédictins, les Cisterciens rejetèrent les fioritures du mouvement Cluny, de même que la durée très longue et les agréments esthétiques de son mode de culte. D'autres différences démarquaient les deux mouvements : comparativement à Cluny, la maison mère des Cisterciens exerçait sur les autres centres de son espèce un plus grand contrôle ; en plus, des laïcs pouvaient devenir des Cisterciens à part entière et, par la suite, ils finirent même par disposer de centres pour femmes. Ce mouvement nouveau se répandit plus rapidement et avec plus de succès que la réforme Cluny. Bernard de Clairvaux, l'auteur de l'hymne « Ô, Jésus, quand je pense à toi », en fut sans doute le leader le plus respecté et le plus connu. Nonobstant, les Cisterciens finirent par devenir extrêmement riches et leur mouvement commença, en quelque sorte, à s'enliser.

C'est alors qu'une forme de discipline de vie apparut. Pendant des siècles, la « regula » ou mode de vie bénédictin s'appliquait seulement aux centres monastiques tandis que les paroisses, en comparaison, étaient restées très fragiles et d'une existence intermittente. Mais alors que la menace viking diminuait, le nombre de paroisses et de pasteurs commença à se multiplier et l'on chercha à établir une « regula » pour les pasteurs. C'est ainsi qu'apparurent ceux qui furent logiquement appelés les « clercs réguliers » ou « chanoines réguliers », lesquels fournirent un modèle de discipline et de responsabilité de prêtres unis à l'œuvre dans des paroisses différentes.

Néanmoins, le changement de loin le plus important dans le milieu des « ordres » vint avec l'émergence d'un mouvement à la fin même de cette époque, un mouvement qui ne gagna du terrain qu'après l'an 1200. Je fais référence ici aux Frères franciscains et dominicains. Ils furent les premiers d'une nouvelle génération d'ordres catholiques osant s'aventurer sur les chemins et les sentiers – la raison en est qu'à cette époque de l'histoire, les routes européennes étaient devenues meilleures et plus sûres.

À la fin de cette troisième période (800-1200), les deux premières croisades appartenaient déjà au passé. La première avait conquis Jérusalem, mais pour la perdre de nouveau. Les croisés avaient retranché de la ville tous les êtres vivants. Lorsque les Musulmans la reconquirent 88 ans plus tard, ils y firent revenir les Juifs et les Chrétiens, ceux-là mêmes qui s'étaient brutalement emparés de la cité quelques décennies plus tôt.

En plus du début des croisades et de l'avènement des Frères, cette période a aussi vu l'émergence des universités et des cathédrales.

J'aimerais souligner que la population mondiale a commencé à s'accroître rapidement au cours de cette période. Dans une leçon antérieure, nous avons observé la « croissance exponentielle » et nous avons vu à quel point il peut être trompeur, quoique facile à calculer. Dans cette partie, nous voulons mettre l'emphase, non pas sur la méthode de calcul ni sur les diverses estimations de la population mondiale à cette période, mais sur le sens assez significatif que revêt la non-croissance d'une population. La population des îles Britanniques était estimée à un million en l'an 440, juste au moment où la Bretagne romaine s'apprêtait, avec les invasions anglo-saxonnes, à replonger dans les ténèbres après trois siècles de scolarisation. Pourtant, en 1066 – au cours de la troisième période –, alors que Guillaume le Conquérant traversait la Manche en vue d'une autre conquête de l'Angleterre, cette population était toujours d'un million de personnes. Soit dit en passant, ce fût Guillaume qui introduisit dans ces îles des éléments de la langue latine lesquels, combinés avec la langue germanique, devinrent la souche de l'anglais moderne. Mais revenons-en à la question qui nous préoccupe : qu'est-ce qui peut bien expliquer cette absence de croissance pendant 600 ans ?

La réponse doit être la persistance de la guerre et de la peste. Pensez aux millions de morts prématurés en 600 ans qui pourraient expliquer cette non-croissance. Une telle situation ne pourrait même pas être comparée aux suppressions de naissances du gouvernement contemporain de Chine, ni même à la pratique extensive d'infanticides en Chine. Les chroniqueurs médiévaux, un peu comme certaines personnes aujourd'hui, considéraient les dégâts provoqués par la « peste » (ce terme renvoyait à toute maladie majeure) comme le fait du destin. C'était quelque chose contre laquelle ils n'avaient aucun moyen de lutte, vu qu'ils étaient ignorants de l'existence des microbes.

Aujourd'hui, à cause d'un seul type de maladie (maladies cardiovasculaires – attaques et accidents cardiaques), nous perdons autant de vies aux États-Unis que si nous menions 300 guerres en Irak. Nous dépensons un milliard de dollars par jour afin de « rafistoler » des personnes atteintes d'une telle maladie. Mais nous n'investissons pratiquement rien pour chercher les causes fondamentales des maladies cardiovasculaires. Pendant ce temps, les effets d'autres maladies et la situation qui prévaut dans les pays non occidentaux semblent bien pires. L'Afrique subsaharienne possède le même nombre d'habitants que celui des États-Unis. Et alors qu'aux États-Unis, nous perdons 6.000 personnes par jour à cause des maladies cardiovasculaires et du cancer, l'Afrique en perd autant à cause du VIH/SIDA.

Malheureusement, nous consacrons énormément de moyens à guérir et à la maladie – des mesures défensives –, alors que presque rien n'est investi dans le but de découvrir les causes fondamentales, les origines, les agents pathogènes qui se cachent derrière la plupart de nos maladies. En effet, nous avons pendant longtemps été dans l'erreur (particulièrement au 12e siècle) que toute l'histoire de la médecine est caractérisée alors par cette révélation – presque continuelle, mais toujours inattendue – selon laquelle la plupart des maladies majeures ne sont pas des affections, mais plutôt des infections.

Prenez par exemple le cas de la tuberculose. Pendant plusieurs siècles, on a pensé qu'elle résultait de l'exposition d'un individu à l'humidité et au froid. La peste noire que nous allons étudier au cours de la prochaine époque était causée par quelque chose que personne alors ne soupçonnait : les puces. La fièvre jaune était restée un mystère total, tout comme le paludisme. Grâce à une succession rapide de découvertes, nous comprenons aujourd'hui, quoique tardivement, que les ulcères, les maladies cardiaques, le cancer, les multiples scléroses, la maladie d'Alzheimer, la schizophrénie sont tous des infections, non pas des affections. D'ailleurs, l'ulcère du duodénum ne sera plus jamais attribué au stress et aux repas épicés. Pourtant, à ce jour, il n'existe pas de financement pour étudier les origines des maladies. De grandes sommes d'argent proviennent des personnes déjà malades qui sont en quête de remèdes, non pas d'une solution générale.

Les propos que je tiens ne sont pas une accusation portée à l'encontre de notre grande industrie médicale et pharmaceutique qui s'active à répondre aux cris des malades. Ils servent à dénoncer notre attitude, car, que ce soit dans le 12ᵉ ou dans le présent siècle, nous sommes restés soit dans l'ignorance, soit dans une quasi-passivité vis-à-vis des causes de nos maladies.

Au fil de l'histoire, nous avons néanmoins appris qu'un peu plus de propreté nous met à l'abri de plusieurs maladies. Il en est de même pour un régime alimentaire correct, un bon sommeil et un exercice corporel. C'est grâce à cela que depuis l'an 1066, les effets de la « peste » (dans le sens que les chroniqueurs médiévaux donnent à ce terme) ont profondément diminué. Toutefois, l'histoire du christianisme s'est presque toujours articulée autour du souci d'amener des personnes au ciel, négligeant ainsi celui de détruire les œuvres du diable sur la terre.

Pourtant, le mouvement monastique est allé bien plus loin que cette simple fixation sur le monde futur. En effet, les ponts, les routes, l'éducation, les structures gouvernementales et les bâtiments médiévaux sont largement le fruit du labeur des ordres de la deuxième vague. Plusieurs notions en génétique, en astronomie et en sciences, en général, nous proviennent de ces ordres. Le tableau de classification périodique des éléments par exemple fut d'abord élaboré par les Jésuites.

Pourtant, les intellectuels les plus perspicaces de cette époque tâtonnaient dans une obscurité épaisse. À cette époque, on ne réalisait pas à quel point l'ennemi auquel on faisait face était intelligent. On ne disposait d'aucune preuve valable quant à la nature infectieuse des origines de la maladie. Et quoique la Bible contienne plusieurs recommandations brillantes pour éviter la maladie, ni Dieu, ni Jésus, ni Calvin, ni Luther ne pouvaient, jusqu'à une époque récente, parler des ennemis microbiologiques qu'ils ne pouvaient voir à l'œil nu.

Aujourd'hui, nous avons appris à voir ces êtres – même des entités aussi petites que les virus – mais nous manquons de théologie pouvant sous-tendre la lutte que nous devons mener contre eux. En outre, de l'ensemble des financements de la médecine, moins d'un pour-cent est consacré à la découverte des origines des maladies. Au 12e siècle, les gens étaient involontairement aveugles à ces choses alors qu'aujourd'hui, nous le sommes volontairement. L'évolution de notre théologie n'a pas suivi l'augmentation de notre niveau de connaissances et notre entreprise missionnaire est aujourd'hui relativement superficielle. Dans nos champs missionnaires disséminés à travers le monde, nous avons su répandre l'espoir vital et capital en l'au-delà ; pourtant notre théologie se révèle insuffisante, voire muette, en ce qui concerne la question des causes de la pauvreté. Nous sommes capables de « sauver » des personnes pour le ciel, mais nous sommes totalement incapables de les sauver de l'extrême pauvreté.

Nous y reviendrons au cours de la prochaine époque – époque dans laquelle la peste noire ne nous autorisera pas à passer outre ce sujet. Néanmoins, en jetant un regard rétrospectif sur la troisième époque, nous pouvons apprécier les avancées gigantesques qui ont été réalisées dans la découverte de la création de Dieu, dans la connaissance des objectifs qu'Il a fixés pour ceux qui Le suivent et, de surcroît, dans l'emprise plus forte de Son Royaume sur la guerre et la peste : c'est en fait à partir de cette époque que la population a commencé à augmenter.

Chapitre 12
LA RENAISSANCE PROPREMENT DITE (1200-1600)

En l'an 1200 déjà, toute l'Europe (centrale, du Sud et du Nord) partageait une langue écrite commune : le latin. Ce lien linguistique devait son existence en particulier à la « foi chrétienne », ou mieux à la forme – vase de terre – romaine dans laquelle le trésor de la foi biblique était alors transporté de manière précaire. Cette forme romaine de la foi n'allait pas dominer l'Europe indéfiniment. Mais elle s'y imposa longtemps, suffisamment pour lui léguer une langue unique qui servirait de véhicule de l'érudition, plusieurs siècles après l'unité superficielle qui prévalait sur le continent en 1200.

Un nombre d'événements nouveaux et sans précédent a caractérisé le dynamisme croissant de cette quatrième époque. Dans la dernière leçon, nous avons vu comment les dernières années de la période 800-1200 débordaient d'une vitalité toute neuve au travers de la fondation d'universités, de la construction de cathédrales, de l'organisation des croisades, et par-dessus tout, d'un type nouveau de groupements : les Frères. Toujours comme preuve de cette vitalité, mentionnons aussi l'avènement et le développement des mouvements albigeois, cathare et vaudois qui furent écrasés avec brutalité.

À cette même époque, le Pape le plus puissant de tous les temps, Innocent III, disposait du pouvoir nécessaire pour excommunier même les souverains et exclure des pays entiers de certains privilèges, de manière à imposer sa propre vision de la morale et de la justice.

À l'aube de la période 1200-1600, les Frères – franciscains et dominicains – étaient devenus une force majeure avec laquelle il fallait compter, non pas politiquement, ni militairement, ni même d'un point de vue strictement ecclésiastique, mais spirituellement. En l'espace de quelques années seulement, le nombre de disciples de François atteignait 60.000. Leurs évangélistes blanchirent et verdirent l'Europe de leurs couleurs, convoyant de leur zèle la renaissance du 12e siècle jusqu'à ce qu'elle débouche sur la période suivante. L'avènement des Frères semble donc avoir été l'événement le plus important au début de la période 1200-1600.

Cette période fut aussi celle de la peste noire qui annihila un tiers de la population européenne. On estime qu'en Allemagne seulement, 20.000 franciscains (et beaucoup d'autres Frères) ont trouvé la mort en essayant de soigner les victimes de cette maladie, quoique conscients des risques auxquels ils s'exposaient.

En outre, il y eut le phénomène curieux et incroyable de croisades. Bien qu'elles eussent débuté au cours de la période précédente, les perturbations qu'elles entraînèrent furent bien plus nombreuses entre 1200 et 1600. D'une part, ces croisades reflètent la dynamique d'expansion de la civilisation et de la foi chrétiennes officielles d'Occident – certaines de ces croisades furent menées comme conséquence directe d'un réveil spirituel de grande envergure. D'autre part, elles mettent en évidence le fond resté sauvage chez des Goths et des Vikings devenus Chrétiens. Et quoiqu'elles fussent l'œuvre combinée autant de croyants pieux et consacrés que d'aventuriers grossiers, ces croisades furent toutes dirigées par d'anciens Vikings.

Relevons qu'à cette époque, les tenants de la tradition islamique étaient bien plus « civilisés » que les Chrétiens d'Europe du Nord et du milieu. Un exemple concret : lorsqu'un croisé perdait la raison, on lui pratiquait en guise de cure une entaille en forme de croix dans sa peau et on y versait du plomb en fusion. En revanche, les Musulmans possédaient des connaissances bien plus avancées dans le domaine des maladies physiques et mentales, de même que dans ceux de la littérature, de la science, de la philosophie et des sciences politiques.

D'ailleurs, au 14e siècle, une bibliothèque chrétienne de référence au nord des Alpes ne disposait que de 400 livres, tandis qu'au sud du continent, la bibliothèque islamique de Cordoue (en Andalousie) en contenait jusqu'à 400.000.

À la même époque, d'après les comptes rendus du voyageur vénitien Marco Polo, la civilisation chinoise excellait dans sa splendeur, sous le règne de l'empereur mongol Kubilay Khan. Auparavant, le père et l'oncle de Marco Polo s'étaient rendus à la cour impériale. En ce temps-là, Khan dont la mère était une chrétienne nestorienne, leur demanda de transmettre au Pape sa requête consistant à faire venir 100 missionnaires pour enseigner la science et la théologie. Après avoir transmis au Pape ce message exceptionnel, les deux frères, accompagnés de Marco âgé de 15 ans, retournèrent en Europe où ils ne purent recruter que deux dominicains. Ceux-ci rebroussèrent chemin lorsque l'aventure commença à devenir dangereuse.

Les Polo, quant à eux, arrivèrent tout de même en Chine. Marco Polo gagna la faveur de Kubilay Khan et resta en Chine pendant 17 ans à travailler étroitement avec l'empereur. Plus tard, lorsqu'il revint en Europe, il rédigea un récit de ses expériences. Les découvertes les plus surprenantes qu'il fit chez des Mongols furent sans doute l'emploi de monnaie fiduciaire en papier, l'usage du charbon – non pas seulement du bois – comme moyen de chauffage, et l'existence d'un service postal quelque peu semblable au poney express qui fut pendant quelque temps utilisé par les Américains au cours de leur expansion vers l'Ouest du continent. Finalement, un Dominicain arriva à la cour impériale. C'était un peu avant 1300, après la mort de Kubilay Khan. Malgré la forte opposition des nestoriens sur place, il parvint à y faire quelques 6.000 disciples.

L'accélération de l'histoire qu'il y eut au cours de cette époque fut en grande partie provoquée par un contrecoup des croisades : la redécouverte approfondie de l'héritage classique gréco-romain dont les Musulmans étaient, à cette date, les principaux dépositaires. C'est cette « réapparition » du classique qui donna le nom de « renaissance » à une période qui fut pourtant moins une renaissance que chacune des deux périodes baptisées « Renaissance carolingienne » et « Renaissance du 12e siècle » par les intellectuels. En effet, ces deux renaissances antérieures – auxquelles nous pouvons ajouter celle que j'ai surnommée la renaissance du 4e siècle – ont eu de plus grands effets sur la société que la Renaissance du 15e siècle qui, pour sa part, mit principalement à contribution les intellectuels et les artistes.

En définitive, il serait raisonnable d'inclure dans le terme usuel de Renaissance, la Réforme du 16e siècle avec sa révolution de l'imprimerie des années 1450 et les retombées de cette révolution dans le siècle suivant. En 50 ans, un millier d'imprimeurs s'étaient mis à l'œuvre ; et du temps de Luther, au début des années 1500, il existait déjà trois millions de documents imprimés, dont trois quarts à caractère religieux.

Ainsi, ce qui commença comme une renaissance impliquant seulement quelques personnes devint une réforme qui influença profondément toute la société européenne comme ne le fit aucun autre événement antérieur.

Curieusement, le mot « Réforme » ne semble pas tout à fait approprié pour désigner la réalité à laquelle il fait habituellement référence. En effet, lorsqu'on décompose ce vocable, on a une « re-formation », c'est-à-dire une amélioration des paradigmes théologiques et moraux. Pourtant, la réalité historique appelée Réforme est en fait une rupture définitive – d'avec sa matrice méditerranéenne – d'une extension essentiellement temporaire et superficielle de la culture et théologie méditerranéennes dans le bassin germanique. Ce genre de rupture s'opère en général au sein des Églises missionnaires. C'est aussi le type de rupture qui s'observe chaque fois qu'un vase de terre (fille) d'une sphère culturelle récemment devenue missionnaire, s'émancipe de la tutelle d'un vase de terre (mère) ayant une culture missionnaire. Dans son sens premier, la « réforme » n'était nullement une controverse théologique au sujet de la justification par la foi. Le terme plus approprié serait «reformulation culturelle ».

Ainsi, John Wycliffe, qui vécut deux siècles avant la Réforme, fut surnommé l'« étoile du matin de la Réforme ». On dit de sa traduction de la Bible en langue vernaculaire qu'elle illustre parfaitement l'idée maîtresse de la Réforme et qu'elle souligne la problématique liée à l'interdiction de traduire la Bible dans les langues vernaculaires, particulièrement dans celles des divers groupes linguistiques d'Europe médiévale. En réalité, pour Wycliffe, et plus tard pour Jean Hus, le problème n'était pas celui de savoir si la Bible pouvait ou non être écrite en une autre langue que le latin, mais plutôt si la Bible avait plus d'autorité que le Pape. Voire ! Ce n'était pas là le vrai problème ! Car en fait, à partir du moment où vous élevez l'autorité de la Bible, vous jetez les bases à partir desquelles les pays éloignés de Rome pouvaient désormais s'émanciper de la domination politique et culturelle du Pape et de l'Église latine.

L'indignation de Luther contre tout ce qui était romain fut simplement provoquée lors d'une visite de routine à Rome qu'il faisait pour le compte de l'ordre auquel il appartenait. Et même si cette visite n'avait pas eu lieu, l'effondrement du principe «d'uniformité » (sur lequel reposait la papauté) serait sans aucun doute arrivé. Dans ce cas, on n'aurait simplement jamais entendu parler de Luther. Son voyage au cœur de « l'infecte cité de Rome » et ses innombrables pièges à touristes pour les visiteurs chrétiens naïfs le métamorphosèrent de Chrétien allemand qu'il était en Allemand chrétien. De plus, le commerce d'indulgences pratiqué par Rome, qui promettait à ceux qui y contribuaient des choses après leur mort, le troubla davantage.

L'affiche qu'il mit – non pas fixé de « clous » comme on peut le voir au cinéma – au babillard comme matière à une discussion de routine (et qui portait sur ce qui fut appelé ses « 95 thèses ») a certainement mis en évidence les contours théologiques de la Réforme. Luther fit parvenir ces thèses – sans une trop grande différence d'avec ce qu'il avait affiché – au Pape d'alors. Or, ce Pape était l'un des meilleurs. Il avait appuyé la candidature de l'électeur Frederick, le « sénateur » de la région de Luther, au poste d'empereur du Saint Empire romain. Et jusqu'à ce que la question du choix d'un nouvel empereur soit réglée, le Pape, bien qu'étant en désaccord avec Luther, ne voulait pas courir le risque d'offenser Frederick en s'opposant à Luther. Vingt-cinq ans plus tard, cette question était réglée, mais ce Pape favorable à Luther n'était plus en fonction.

La traduction de la Bible de Luther était la quatorzième vers la langue allemande. Elle était donc loin de poser le problème de la traduction de la Bible en langue vernaculaire. En Italie, en Espagne, en France et en Allemagne, des centaines de petits groupes étudiaient la Bible et croyaient en la justification par la foi. C'est seulement lorsqu'il devint évident que la Bible en langue vernaculaire pouvait être instrumentalisée à des fins de politique séparatiste que protestants et catholiques, à la fois, trouvèrent nécessaire de limiter l'accès à la Bible aux intellectuels. Aussi, catholiques et protestants brûlèrent-ils leurs bibles de traductions non officielles.

Une lecture correcte du livre des Actes aurait permis d'instaurer une diversité pacifique de « mouvements intérieurs » au sein des diverses cultures sur lesquelles l'Église latine avait étendu son emprise. D'ailleurs, pourquoi aurait-il fallu que l'estime méditerranéenne pour le célibat fût à tout prix appliquée aux territoires germaniques ?

Si la Réforme avait été principalement une question de réforme doctrinale, la « révolte » luthérienne ne se serait pas étendue automatiquement à tous les territoires dans lesquels l'Empire romain n'avait pas encore totalement « romanisé » le substrat culturel – comme c'était déjà le cas en France, en Espagne et en Italie.

Or, à la règle selon laquelle la Réforme a réussi là où les Romains n'ont pas pu, il semble y avoir deux exceptions. Ce sont la Pologne et l'Irlande dans lesquelles certaines communautés éloignées sont restées délibérément "romaines" afin de se distinguer d'autres peuples qui, devenus protestants, étaient géographiquement situés entre elles et Rome.

Il est évident que la domination séculaire de Rome sur une majeure partie de l'Europe ait été à l'origine d'une tension – accompagnée d'une grande hésitation et d'une immense confusion – ayant conduit quelques communautés à une loyauté mesurée envers la Réforme. En effet, jusqu'à ce jour, certains villages en Allemagne affichent leur appartenance à l'un ou l'autre de ces deux camps (Rome/Réforme). S'il vous arrive de traverser en voiture ces villages allemands, vous trouverez inscrits sur un tableau à l'entrée du village les pourcentages détaillés de catholiques ou de luthériens qui y résident. Pendant au moins un siècle, de tels différends ont mené à d'innombrables conflits armés tel que celui qui persiste encore en Irlande du Nord et dont les origines remontent à la tension, existant longtemps avant la Réforme, entre Celtes et Anglo-Saxons.

La perspective que je partage avec vous est missiologique. Elle pourrait être d'une grande utilité dans les tentatives contemporaines visant à déchiffrer la complexité de la nature du christianisme mondial. Le même mot « réforme » est souvent utilisé pour désigner un changement radical de vase de terre, qu'il se produise ici au milieu de nous ou loin dans les prétendus champs missionnaires.

Mais il est rare de voir des gens établir des parallèles significatifs entre : 1) la transmission de la foi biblique, du monde juif à celui grec et latin, 2) la transmission de la foi biblique, que ce soit du monde grec ou du monde latin à plusieurs autres mondes situés plus au Nord, et 3) la transmission de la foi biblique, du christianisme occidental à d'autres formes de foi qui ont préféré retirer le trésor contenu dans la culture occidentale et le garder dans un autre vase de terre.

Il existe d'autres parallèles de ce type. L'islam, par exemple, qui peut être vu comme une transmission de la foi biblique d'un vase romain à un vase sémite ; quoique l'islam ait malheureusement été faussé par le simple fait que, comme nous l'avons vu précédemment, la forme de foi que les Musulmans avaient alors reçue était un modèle de christianisme très défectueux. C'est sans doute pour cette raison qu'un brillant intellectuel a dit de l'islam qu'il est la victime d'un christianisme tronqué. Pire encore, à l'époque de l'avènement de l'islam, la Bible n'existait pas encore en langue arabe dans sa totalité.

On peut observer des parallèles de ce genre partout sur le champ missionnaire, notamment, dans les endroits où la Bible est disponible et où un grand nombre d'autochtones choisissent de l'interpréter à leur propre manière plutôt que d'embrasser l'interprétation empreinte de la culture du missionnaire.

D'ailleurs, même dans l'histoire américaine, on peut observer avec H. Richard Niebuhr (1957), que la plupart du temps, les différentes dénominations (ou confessions) représentent fondamentalement des courants culturels différents plutôt que des différences d'ordre théologique.

Dans les dernières années de cette période, on assiste à l'apparition des missions mondiales, rendue possible grâce aux moyens désormais disponibles de faire le tour du globe. Et le fait que les premières entreprises missionnaires soient en grande partie l'œuvre des catholiques, suscite en général de l'embarras chez les protestants.

Chapitre 13
LA RENAISSANCE ÉVANGÉLIQUE (1600-2000)

Au cours de cette dernière période de 400 ans, on assiste à une accélération sans précédent de l'histoire. Deux choses sont à relever au sujet de ce cinquième intervalle chronologique sur lequel porte cette leçon : 1) beaucoup plus de faits se sont produits au cours de cette période que pendant aucune autre ; en outre, 2) les événements qu'elle a connus ont cent fois plus de chances d'être gardés en mémoire, d'être décrits et d'être rapportés, avec même beaucoup de précision.

Nos prochaines leçons traiteront des incidents et des événements advenus au cours de cette période, mais la présente leçon est la seule à en dresser un tableau synoptique.

Tout d'abord, afin de nous faire une idée plus concrète du dynamisme intense qui a caractérisé cette période, il nous faut comparer la démographie mondiale d'alors avec celles des périodes antérieures. Il est vrai que toutes les données démographiques sont estimatives, particulièrement celles de l'époque ancienne. Néanmoins, elles nous seront d'une grande utilité.

Année de fin de période	Population mondiale	Croissance au cours d'une période de 400 ans	Moyenne d'accroissement annuel
An 0	200 millions		
An 400	206 millions	3%	0,01%
An 800	220 millions	7%	0,02%
An 1200	360 millions	64%	0,12%
An 1600	545 millions	51%	0,10%
An 2000	6000 millions	1001%	0,60%

De toute évidence, le taux de croissance démographique mondial observé à la fin de la dernière période est plus élevé que la moyenne de croissance de l'ensemble de toutes les périodes. À l'heure actuelle, on estime pour l'intervalle 2000-2010 un taux moyen d'accroissement annuel de l'ordre de 1,55% (ce qui est plus de deux fois la moyenne annuelle de la dernière période). Mais malgré son taux élevé, cette projection s'avère être une moyenne arbitrairement revue à la baisse pour un monde où des pays tels que l'Allemagne et le Japon ont un taux de croissance négatif tandis que d'autres, comme l'Afghanistan, connaissent un accroissement de la population de l'ordre de 4,8%, soit trois fois la moyenne globale actuelle qui est de 1,55%.

On peut présenter cette situation autrement. En effet, au cours de la période 1200-1600, la population mondiale a connu un accroissement de l'ordre de 50%, tandis qu'entre l'an 1600 et l'an 2000, l'accroissement était de 1000 %, soit vingt fois celui de l'avant-dernière période – on estime qu'en Europe et en Amérique seulement, l'accroissement faisait 40 fois celui de l'avant-dernière période.

Il y a donc un écart considérable entre la démographie mondiale de la période 1600-2000 et celle d'aujourd'hui. Cet écart paraît encore plus grand lorsqu'on réalise que le tout premier bond de croissance démographique s'est produit dans la sphère européenne, là même où la guerre et la maladie l'ont fortement réduit. De nos jours, la situation est tout à l'inverse. Alors que la croissance européenne s'approche de zéro, le nombre de morts causés par la guerre a nettement diminué à tel point que les accidents de circulation, à l'échelle planétaire, font cinq fois plus de morts que les guerres.

Ainsi, ce qu'il convient de relever avant tout pour cette dernière période, c'est qu'elle a connu bien plus d'événements que n'importe quelle autre période pour la seule raison qu'elle a vu le nombre de personnes vivant dans la sphère géographique du réveil évangélique se multiplier par 20 ou plus.

Examinons maintenant de près la nature de ce réveil évangélique qui de manière directe et indirecte a donné de la substance à ce que les spécialistes ont désigné par « Renaissance évangélique ».

Ce réveil a manifestement donné naissance à une nouvelle forme de christianisme. Alors que la Réforme s'était attelée à faire de la doctrine le principal critère du christianisme qui pouvait être vérifié, le Réveil évangélique a pour sa part ajouté un critère émotionnel. Avec ce dernier mouvement, il était devenu impératif de vivre l'« expérience évangélique ». Croire en la doctrine exacte ne suffisait donc plus. En fait, croire était désormais censé être une expérience émotionnelle. On attendait des pasteurs de la mouvance évangélique qu'ils prêchent avec beaucoup d'émotion. Et les mouvements de masse, notamment les réveils, au cours desquels les gens tombaient par terre, pleuraient et gémissaient étaient devenus obligatoires. À la longue, il s'ajouta aux précédents un troisième critère de vérification de la foi dont le principe s'énonçait ainsi : «C'est par leurs fruits que vous les reconnaîtrez ». Dans les lignes qui suivent, nous étudierons les profonds changements sociaux engendrés par le christianisme évangélique.

Mais avant, il nous faut souligner ceci : croire en la bonne doctrine, vivre l'expérience émotionnelle ou encore manifester les «fruits » pouvaient être individuellement simulés à la perfection. Seulement, il devenait de plus en plus difficile de simuler ces trois critères à la fois.

Au cours des premiers siècles, la société humaine était caractérisée, entre autres, par une relative impuissance du genre humain. Certes, des empires existaient, mais dans l'ensemble, peu de personnes étaient effectivement capables de « prendre le contrôle de leur vie », comme on entend si bien les gens de notre époque le dire. Avec le temps, il y eut une lente, mais constante montée d'espoir et de dynamisme suscités par la dissémination de la foi chrétienne.

À plusieurs occasions au cours de cette période, ce sont les perspectives égalitaires contenues dans la Bible qui ont favorisé cette naissance d'espoir et de dynamisme. Déjà en 1381, des vers d'une chansonnette composée par un ecclésiastique contribuèrent grandement à la rébellion de Wat Tyler en Angleterre : « Quand Adam bêchait et qu'Eve tissait, lequel alors était gentilhomme ? » En français moderne, on dirait : « Jadis, lorsque Adam labourait les champs et qu'Eve tissait des toiles, lequel des deux était l'aristocrate ? » Ces vers satiriques s'attaquaient fondamentalement au système de castes (haute classe/basse classe) alors en vigueur en Angleterre. Ils servirent à attiser un énorme mouvement de colère par lequel plus de 100.000 villageois prirent d'assaut la ville de Londres et le siège de la Couronne, torturant et tuant au passage un grand nombre de représentants de la classe gouvernante.

Du temps de Luther, il y eut plusieurs révoltes paysannes. En effet, la dichotomie entre aristocrates et paysans était si grande que les expéditions de chasse hivernale comptaient toujours dans leurs rangs quelques paysans afin qu'à l'occasion, les pieds devenus trop froids d'une personne d'importance soient réchauffés dans l'abdomen ouvert d'un paysan sacrifié à cette fin. Mais il arriva un moment où les paysans, qui avaient de plus en plus accès à la Bible, firent dix respectueuses requêtes dont l'une portait sur la limitation du nombre de paysans pouvant désormais être mobilisés pour ce type d'expédition. La dernière phrase du document qu'ils présentèrent, à cet effet, disait que si jamais l'une des requêtes contenues dans leur liste était contraire à la Bible, elle serait retirée.

Au cours des siècles, la Bible a donc été à l'origine d'une multitude de changements sociétaux en majorité pacifiques, mais pas toujours. On se souviendra, à titre d'exemple, des « Têtes rondes » d'Olivier Cromwell qui gagnèrent chacune de leurs batailles – jusqu'à la moindre escarmouche – contre les « Cavaliers » représentant la haute classe. C'est grâce à elles que l'Angleterre, peu de temps après le début de notre période et cent ans avant la France, fit l'expérience d'une révolution relativement modérée qui s'acheva néanmoins par la décapitation de Charles Ier d'Angleterre. Par cette dernière, l'armée de Cromwell fut poussée à traverser la mer Celtique afin de massacrer cent mille catholiques.

L'avènement de l'ère Cromwell (et de la démocratie constitutionnelle) en Angleterre entraîna beaucoup d'autres changements. Les ponts des navires anglais furent désormais tant et si bien récurés qu'on pouvait manger dessus. Et même le droit de vote fut étendu à d'autres couches sociales jusqu'à ce qu'il soit finalement accordé aux femmes.

On a toutes les raisons de croire que même la Déclaration d'indépendance n'aurait pas été signée si le Réveil évangélique d'Angleterre ne s'était pas étendu au préalable aux colonies américaines pour devenir le « Grand réveil des colonies du centre ». Mais il n'y eut pas que les colonies du centre qui furent touchées par ce réveil – malgré le nom même qu'on lui a attribué. En effet, de

Boston à Charleston, il y avait désormais une seule confession – la presbytérienne – qui était en charge et avait à sa tête une administration de type démocratique. Plus tard, cette administration presbytérienne servit de modèle pour former le gouvernement séculier ayant les mêmes caractéristiques. En 1789, à seulement quelques maisons de l'endroit où la constitution des États-Unis était rédigée, un groupe similaire dressait au même moment la nouvelle constitution presbytérienne ; et plusieurs de ceux qui étaient là faisaient des allées et venues entre ces deux groupes. En outre, la guerre d'indépendance n'aurait pas été remportée par les Américains si l'Église presbytérienne américaine n'avait pas prêché la guerre avec une ténacité et une clarté qui, aujourd'hui, lui aurait certainement coûté l'exonération fiscale dont elle bénéficie.

Parallèlement, le puissant mouvement de foi apparu au milieu du siècle suivant que certains ont appelé le « deuxième réveil» a eu sur la Guerre de Sécession des effets causaux similaires. En effet, cette guerre fut en grande partie nourrie par une vague de prise de conscience suscitée dans le cœur et la pensée de millions de gens.

Chose curieuse, c'est à Robert Fogel (2000), économiste lauréat du prix Nobel et pionnier de la cliométrie – une nouvelle discipline scientifique qui applique les méthodes d'analyse quantitative à l'étude de l'histoire –, que l'on doit un livre entier sur les contributions des réveils évangéliques tout au long de l'histoire américaine. Son livre intitulé *The Fourth Great Awakening* (Le quatrième grand réveil) souligne que les réveils évangéliques constituent le moyen clé de mieux comprendre l'histoire américaine. Le fait qu'un professeur de l'université de Yale puisse écrire un tel livre est tout à fait impensable si la thèse soutenue par lui était dénuée de toute crédibilité. Ses conclusions sont si pro-évangéliques que si un historien évangélique les avait écrites, il aurait été ridiculisé et son document taxé de pure propagande.

Toutefois, revenons à notre optique de suivre le fil de l'histoire de l'expansion de la foi biblique. Le passage du témoin des missions catholiques aux missions protestantes constitue sans doute la transition la plus significative de la période 1600-2000.

Depuis Christophe Colomb, les pays catholiques avaient

pour stratégie de placer des missionnaires sur chaque bateau en partance pour l'exploration du monde. Et très souvent, comme ce fut le cas pour Colomb lui-même, ces voyages étaient vus comme un moyen de transmettre la foi aux autres. Ainsi, de 1500 à 1800, l'évangélisation du monde non occidental était essentiellement l'œuvre des catholiques. Certes, de minuscules mouvements à l'instar des quakers et des missions moraves existaient déjà avant l'an 1800 et, comme l'atteste l'ouvrage *The Birth of Missions in America* de Charles Chaney (1976), certains protestants pensaient déjà en termes de mission bien avant cette date. Néanmoins, c'est à partir de 1800 que la situation change. À cette date, les effets dévastateurs de la Révolution française avaient déjà largement privé les missions catholiques à travers le monde de leur base économique. Or, dans le même temps, l'Empire colonial britannique s'agrandissait rapidement et, en 1800, des personnes comme William Carey étaient déjà en Inde.

À la différence des initiatives catholiques, les initiatives protestantes d'exploration dans le monde n'avaient rien à voir avec la mission. D'ailleurs, quelquefois, à l'instar de la Compagnie hollandaise des Indes orientales, les protestants s'étaient carrément opposés à l'activité missionnaire, craignant que cette dernière porte préjudice à leur entreprise commerciale. Pendant ce temps, dans la sphère catholique, une tension subsistait entre d'une part les missionnaires qui s'intéressaient aux populations locales et d'autre part les compagnies commerciales qui avaient un centre d'intérêt radicalement différent. Néanmoins, l'œuvre missionnaire protestante rattrapa son pendant catholique à pas de géant. Cela se passa en un temps relativement court, si bien que bien avant l'an 2000, ces deux principales sources d'initiative missionnaire avaient consolidé à l'étranger des empires confessionnels et commerciaux comparables.

Il est nécessaire de souligner que le terme « colonisation » ne convient guère. En effet, les premiers fronts de pénétration dans la sphère non occidentale n'étaient pas coloniaux, mais plutôt commerciaux et missionnaires. On prendra en guise d'illustration le cas du Congo belge. Les firmes de commerce du caoutchouc traitaient les Africains avec une telle rudesse que les missionnaires s'en plaignirent auprès de qui voulait les entendre, notamment dans les journaux et auprès des gouvernements. Finalement, ils réussirent à persuader un gouvernement belge réticent à étendre sa législation civile au Congo afin de protéger les populations de ce pays. Le livre *Colonialism and Christianity* de Stephen Neill (1966) brosse un portrait bien différent de l'idée populaire assez répandue sur les « ravages de la colonisation ». Il est prouvé que plusieurs pays ont été mieux dirigés par les gouvernements coloniaux que par les gouvernements contemporains.

Une fois les protestants entrés en scène, le déploiement missionnaire qui n'était jadis qu'un filet d'eau (c'est-à-dire les élans catholiques antérieurs) devint une vague puissante. Malgré les erreurs, l'effort missionnaire, plus qu'aucune autre force dans l'histoire de l'humanité, soumit alors le monde à une transformation profonde.

On peut circonscrire le déploiement missionnaire protestant dans trois ères se chevauchant les unes les autres. On a tout d'abord l'ère inaugurée par William Carey qui n'eut pas d'autres effets que celui de toucher les régions littorales du monde – alors qu'à cette époque, plusieurs initiatives catholiques dans l'arrière-pays étaient déjà en cours.

On a ensuite la deuxième ère qui débute en 1865, avec la fondation de la Mission à l'intérieur de la Chine par Hudson Taylor. Ce dernier était déterminé à aller non pas seulement jusqu'aux côtes – là où les catholiques avaient déjà été – mais également dans l'arrière-pays. L'œuvre de Taylor engendra le concept de la « mission par les laïcs » ainsi qu'à la démarche appelée « mission par la foi » en vertu de laquelle les missionnaires ne procédaient pas par une demande directe de fonds, s'agissant d'une démarche pionnière.

Curieusement, cette deuxième ère débuta et prit son essor en mettant un accent sur les deux premières phases (du déploiement missionnaire) qu'est l'œuvre pionnière et partenariale bien avant la fin de la première ère. Or, à cette même date, la première ère insistait déjà sur les stratégies missiologiques adaptées aux champs missionnaires bien établis dans lesquels le partenariat et la participation étaient de mise. Ce choc de perspectives missiologiques fit ralentir l'avènement de la nouvelle ère jusqu'à ce que se termine la première ère pour de bon et que la seconde entre elle aussi dans les phases de partenariat et de participation. Presque immédiatement après s'ouvrit la troisième ère. Celle-ci était agéographique.

À cette époque, l'activité missionnaire ne se concevait qu'en termes de « littoral » et d'« intérieur ». Mais deux missionnaires remarquèrent que des milliers de groupes ethniques avaient été laissés de côté, notamment des minorités dont les langues avaient été jugées insignifiantes. Cameron Townsend se consacra tout particulièrement aux ethnies dans une perspective horizontale, tandis que Donald McGavran se focalisa sur les strates sociologiques à peine remarquables et impénétrables de la société, à l'intérieur de ce que l'on pourrait appeler « une perspective verticale ». C'est ainsi que dans les années 30 du 20e siècle, ces deux hommes levèrent l'énorme voile qui pesait sur ce qui apparut comme une nouvelle et vaste sphère de responsabilité qui aurait certainement dépassé les missionnaires précédents. Cette dernière sphère fut désignée comme le défi des peuples non atteints. Sa découverte marqua le début de la troisième ère de prise de conscience protestante, une ère circonscrite dans la deuxième moitié de notre période (1800-2000).

Une autre poussée majeure d'élan missionnaire mérite d'être mentionnée. Cinq ans seulement après la Deuxième Guerre mondiale, on dénombrait déjà cent cinquante nouvelles organisations missionnaires aux États-Unis. Si la notion d'ère n'était pas définie qu'en fonction de la découverte d'une nouvelle frontière, cette poussée aurait certainement marqué le début d'une nouvelle ère. Néanmoins, ce fut une puissante vague missionnaire qui devait sans doute son origine au fait que la Guerre avait obligé onze millions d'hommes et de femmes des forces armées américaines à se familiariser avec les réalités mondiales. Sa particularité fut d'ajouter aux initiatives missionnaires existantes des services variés tels que le Service missionnaire aérien (Mission Aviation Fellowship), la Compagnie de radiodiffusion d'Extrême-Orient (Far East Broadcasting Company) et la World Literature Crusade (Croisade du livre chrétien), etc.

Pendant ce temps, sur le sol américain et à l'approche de l'an 2000, les écoles et instituts bibliques se transformaient en établissements d'enseignement supérieur et en universités chrétiennes, consécutivement aux divers réveils évangéliques –

notamment celui de D. L. Moody – qui eurent lieu au cours de cette période. Les évangéliques purent non seulement croître en nombre, mais aussi pénétrer l'élite de la société américaine et avoir, presque soudainement, une certaine visibilité. Mais cette arrivée des évangéliques au-devant de la scène déclencha de façon inattendue une vague plutôt grande de phobie antichrétienne laquelle fit frénétiquement introduire dans les tribunaux, dans les écoles et dans la sphère publique une propagande antichrétienne considérable à l'image du Da Vinci Code, cet ouvrage de Dan Brown vendu en 48 millions d'exemplaires qui sape habilement la foi chrétienne.

Dans les milieux évangéliques, d'énormes quantités d'énergie sont déployées dans à peu près un million de voyages éducatifs de deux semaines, extrêmement onéreux, effectués en général par les jeunes. Je les qualifie d'éducatifs parce qu'ils ont très rarement, au sens direct, une quelconque valeur missionnaire. Dans le même temps, beaucoup d'Églises locales, en particulier les méga-Églises américaines, manifestent une vision missionnaire sincère tout en s'appliquant à contourner les organisations missionnaires établies. Mais procéder ainsi ne semble pas une bonne idée. À ces deux inconvénients de la montée de vitalité évangélique s'ajoute un troisième : l'idée tellement répandue selon laquelle nous n'avons plus à envoyer des missionnaires, mais seulement de l'argent pour les ouvriers autochtones à l'étranger.

Un accent considérable est placé de nos jours sur l'œuvre d'assistance et de développement. Cette œuvre est certes utile dans un sens humanitaire, mais n'apporte pas une contribution significative à la cause missionnaire. Par ailleurs, on remarque une montée en puissance des études, revues, livres et associations missionnaires, ainsi que des séminaires disposant d'un important programme d'études sur la mission. Dans les prochaines leçons, nous explorerons d'autres aspects de cette Renaissance évangélique incroyablement puissante.

Chapitre 14
LA CHUTE DU COLONIALISME ET L'ESSOR DE LA MONDIALISATION

Notre leçon s'appuie essentiellement sur le livre *The Twenty-Five Unbelievable Years* (1969). Il n'y a certainement aucune utilité à ce que je répète ici ce qui se trouve déjà dans les chapitres de ce livre. Cependant, j'aimerais élaborer un contexte plus large autour d'un phénomène, celui du repli de l'Occident.

L'Occident est un terme plutôt ridicule lorsqu'on cherche à identifier exactement toutes les choses que ce terme englobe sur cette terre. Car en fait, toute chose sur notre planète se situe à l'ouest de quelque chose d'autre ! Néanmoins, nous utilisons ce terme ici pour parler de la culture occidentale. Où que vous soyez sur le globe, vous y trouverez des éléments issus de ce qu'on appelle culture occidentale. La culture occidentale est essentiellement un phénomène christianisé. Cela ne veut pas dire que les Occidentaux soient chrétiens, excepté sur le plan culturel. Cela signifie qu'un Occidental est une personne dont les jugements éthiques, les pensées philosophiques et cosmologiques, la vision du monde, etc., tiennent davantage – qu'il en ait conscience ou pas – à la tradition hellénique – laquelle est non chrétienne, à la tradition judéo-chrétienne et, au fond, chrétienne de l'Europe occidentale.

Dans le sens plus large de culture occidentale, les Chrétiens orientaux sont aussi des Occidentaux. En d'autres termes, les Russes sont de tradition culturelle occidentale. Et, quel que soit le lieu où ils se trouvent, qu'ils traversent la frontière pour se rendre en Chine ou qu'ils restent en Sibérie, les Russes demeurent des Occidentaux. Pour sa part, la Chine n'est pas occidentale, parce que dans sa pensée et dans sa culture, elle n'a pas vraiment été affectée par l'Occident, du moins avant Mao Tsé-toung. Cependant, le communisme est un phénomène occidental.

L'occidentalisation en Chine s'est faite non seulement par le biais de la pénétration missionnaire dans les provinces chinoises, mais aussi parce que chaque communiste détenteur d'une carte de membre était de facto un « occidentaliste ». En outre, le matérialisme du communisme provient du christianisme.

De toutes les religions mondiales, le christianisme est le plus matérialiste. En fait, il est même censé l'être, puisque « Dieu est le premier matérialiste », comme l'a affirmé un grand théologien. C'est lui qui a créé les atomes, ces belles entités brillantes, éclatantes et insondables assorties de particules subatomiques ; toute cette complexité inouïe qui dans sa réalité fondamentale va au-delà de notre compréhension, toute cette création est de Dieu !
Toute cette création tire sa source de la sagesse de Dieu, et c'est le Chrétien qui en perçoit le sens et en est rempli de crainte et de respect. Le Chrétien n'adore pas cette création, mais il la respecte et voit dans l'ouvrage les mains de Dieu, Sa gloire qu'Il a manifestée envers nous, selon qu'il est écrit : « Les cieux racontent la gloire de Dieu, et l'étendue annonce l'ouvrage de ses mains ».

Ainsi, c'est le souci pour ce monde créé que nous avons en commun avec le communisme. Nous partageons par ailleurs plusieurs autres choses avec cette idéologie. Les ravages du communisme partout dans le monde, en tant que système athée et antireligieux, sont en grande partie de simples perversions étranges d'un héritage chrétien. Comment ? La Bible elle-même est antireligieuse ! Lisez le chapitre 1 du livre d'Esaïe et le chapitre 23 de Matthieu. Selon certains théologiens, le christianisme n'est même pas une religion et, à partir du moment où il en devient une, il n'est plus possible pour elle de demeurer une foi.

Bien entendu, il s'agit là d'une exagération. Je crois sincèrement que beaucoup de personnes religieuses sont aussi des Chrétiens consacrés. Mais seul le christianisme – notamment évangélique – accepte en son sein des personnes qui n'accomplissent pas de rituels fantaisistes et qui ne sont pas tenues à se conformer à une coutume observable. Cependant, même les évangéliques finissent par succomber à des coutumes à telle enseigne que si vous assistez au plus déstructuré des services évangéliques, les participants savent exactement dans quel ordre exact se déroulera le culte ! Certes, ces évangéliques, tout en étant de tradition non liturgique, ne peuvent pas prétendre ne pas avoir de liturgie au sens premier du terme.

Malgré les habitudes et structures d'usage qu'on y rencontre, il est de fait que le christianisme n'est pas vraiment une religion, dans un certain sens. C'est une foi, une vie. Et dans ce sens-là, il est le seul à prétendre être une foi universelle ; toutes les autres religions sont des religions. Cependant, ce même christianisme peut tout aussi facilement devenir une religion.

Mais dans un autre sens, le christianisme est la seule religion universelle. Lorsque les gens parlent de religions universelles, ils font souvent référence à des systèmes religieux établis de longue date. En général, l'expression « religion universelle » désigne tout système religieux établi de longue date dont on retrouve les disciples un peu partout dans le monde. C'est absurde ! Une religion universelle doit, d'une certaine manière, avoir une affinité avec toutes les cultures du monde. Et sous ce rapport, aucune autre religion ne peut justement prétendre à ce statut que le christianisme avec son importante diversité culturelle. Le christianisme est la religion (si vous voulez l'appeler ainsi) la mieux disposée à se revêtir de vêtements culturels de chaque tradition.

À titre de comparaison, l'islam, en dépit d'être une variante hérétique du christianisme, est davantage une religion en ce qu'il exige l'usage de l'arabe pour son livre saint, il enjoint de se tourner vers la Mecque pendant la prière et requiert que plusieurs autres choses soient faites identiquement quel que soit le lieu où il est pratiqué. C'est en fait ce type de religion qu'autrefois, les communistes en Indonésie ont qualifié d'impérialiste. En effet, avant qu'ils ne perdent le pouvoir en Indonésie il y a un certain nombre d'années, les communistes faisaient savoir aux Indonésiens qu'ils avaient été dupes pour avoir accepté une religion étrangère.

Cette critique-là, ils furent incapables de la porter aux Chrétiens. Les Chrétiens avaient leurs églises bâties d'après des modèles architecturaux indonésiens ; leurs hymnes et leur musique tenaient, du moins dans une certaine mesure, de la tradition culturelle indonésienne. Sur ce point-là, le christianisme n'était nullement aussi étranger que l'islam. Et soit dit en passant, le christianisme est arrivé en Indonésie bien avant l'islam. Par conséquent, ce dernier est relativement récent dans ce pays.

La Foi Bahaïe est un mouvement si petit qu'il est difficile de le qualifier de religion universelle. Dans une certaine mesure néanmoins, elle a une approche multiculturelle comme le christianisme. Le problème réside avec ses textes sacrés. Les adeptes du bahaïsme vous diront qu'ils sont ineffables et éthérés, et qu'ils ne peuvent donc pas être traduits. Je pense qu'ils disent vrai : ces textes ne peuvent être traduits. Car si vous les traduisez, aucune personne moderne avec un gramme d'intelligence ne peut s'adapter à leur caractère bizarre et quasi fruste. Sous ce rapport, ils ont le même problème que l'islam. Quoique, si les Musulmans refusent de traduire leurs écritures sacrées, c'est aussi parce qu'ils aspirent à imposer une seule langue universelle.

Ainsi, d'une manière ou d'une autre, le processus d'occidentalisation a donné naissance à un grand nombre de petits phénomènes parmi lesquels se compte le communisme. Ce dernier traduit avec exactitude plusieurs préoccupations éthiques du christianisme. Le système éthique que les sociétés communistes ont adopté, mais en accord duquel ils n'ont pas la force de vivre est dans sa majeure partie de nature chrétienne. L'accent que ces sociétés placent sur l'égalité de tous est directement emprunté au christianisme. Leurs structures cellulaires, l'importance qu'elles donnent à la confession, et même leur sens de l'histoire proviennent tout droit du christianisme. Et quoique le communisme soit un fléau étrange, hérétique et pernicieux, il fait néanmoins partie, et ce dans une grande mesure, de la civilisation occidentale chrétienne.

Le processus d'occidentalisation a également donné lieu à une immense fertilité en matière d'imagination et s'est illustré comme un puissant catalyseur du développement de l'industrie et de la puissance démographique et politique. De toute l'histoire humaine et dans toutes les annales du monde entier, il n'existe aucun autre exemple de dynamique humaine comparable à celle qui a pris place en Europe occidentale, qui ait gagné du terrain aussi rapidement tout en stimulant la croissance de la population, de la richesse et de la puissance d'une manière aussi fulgurante. Or c'est précisément dans cette sphère géographique que la Bible a connu son essor.

Cette dynamique s'est déployée dans le monde entier par diverses manières, autant odieuses, tragiques que bienfaisantes.

Jamais auparavant, on n'avait assisté à un déferlement de la dynamique humaine d'une partie du monde pour une autre semblable au mouvement colonial contemporain.

Et que dire des croisades ? Le mouvement colonial fut en fait quelque peu similaire aux croisades. À bien des égards, il était nettement moins « saint » et moins chrétien que les croisades. Mais dans l'essentiel de ses débuts, sous les Portugais, les Espagnols et les Français – bien avant que les protestants et leur matraquage biblique n'entrent en scène – la colonisation était de fait une croisade chrétienne. Dans chaque navire se trouvaient des prêtres, c'est-à-dire des missionnaires dont l'objectif était de convertir les gens au roi, Christ.

Pour ce qui est des protestants, en particulier, ils ont fait leur première grande apparition en haute mer en tant que pirates. Assurément ! Les pirates étaient des protestants ; et vous pouvez facilement vous imaginer combien cela rentrait dans le cliché que les catholiques avaient du protestantisme. Dans son livre *Observations in Lower California* (Observations en basse Californie), le père Baegert, un prêtre missionnaire, fait remarquer que les protestants ont régné sur les Caraïbes, faisant ainsi référence à la domination exercée par les pirates sur les Caraïbes. Pourquoi donc n'évangélisèrent-ils pas la région ? Pourtant, certains de ces pirates disposaient bel et bien de chapelles dans leurs avant-postes et dans leurs cachettes. Oui, certains d'entre eux étaient religieux. Peut-être croyaient-ils accomplir la volonté de Dieu par leur piraterie sans merci.

Il apparaît cependant que presque chaque fois que les protestants s'engageaient dans la colonisation, celle-ci perdait sa dimension chrétienne. On sait par exemple que les navires hollandais purent garder leur droit d'accès aux ports du Japon, même après que le Japon les eut fermés à tout autre bateau étranger. La raison en est que personne n'aurait jamais pu soupçonner que les protestants hollandais puissent emmener des missionnaires chrétiens. Toutefois, ceci n'est pas complètement vrai, car les Hollandais emmenaient des aumôniers à Taïwan. Et à un certain moment, il y a même eu un mouvement chrétien assez prometteur. Ces mêmes Hollandais finirent aussi par introduire des aumôniers en Indonésie, jadis appelée les Indes orientales hollandaises. Néanmoins, comme je l'ai dit, les protestants étaient de loin moins religieux que les autres puissances colonisatrices.

Que vous l'appeliez croisade ou non, cet immense et soudain déploiement d'énergie humaine était dans une grande mesure la conséquence de l'expansion spectaculaire d'une communauté issue de l'impact limité de la foi chrétienne sur l'Europe. À chaque fois que je lis les livres écrits par les auteurs séculiers au sujet de l'essor de la civilisation occidentale, je reste abasourdi par le fait que ces auteurs omettent systématiquement de faire mention de toute sa dimension chrétienne. Lorsque je lis Latourette (1997), par exemple, il y est question du Réveil évangélique et de son impact sur le parlement britannique et tout le reste. Mais lorsqu'après, je lis un livre séculier, aucune référence n'y est faite à quelque chose de semblable. C'est exactement comme si ce que je lisais portait sur deux mondes différents.

Pourtant, la civilisation occidentale et la colonisation ont porté en elles-mêmes une bonne dose de vitalité, de piété chrétienne, de grandeur d'esprit, ainsi qu'un potentiel de réforme sociale et politique. La fin de l'esclavage est l'un des fruits les plus remarquables du christianisme. L'esclavage n'était pas une invention des Chrétiens. En fait, jusqu'à ce jour, il y a eu bien plus de Blancs réduits en esclavage par des Blancs que de Noirs réduits en esclavage par des Blancs. Sinon, que dire alors des Slaves ? Eux qui pendant plusieurs siècles ont été le foyer duquel les esclaves blancs provenaient et qui pendant plus d'un millénaire ont été la plus grande source d'esclaves vendus en Afrique. En fait, l'esclavage n'a pas été causé par le christianisme ; il existait déjà bien avant l'arrivée du christianisme ! En réalité, c'est le christianisme qui a propulsé le problème de l'esclavage dans les hautes sphères politiques et, par le biais de John Wesley et du réveil évangélique, dans la vie de Wilberforce et de la secte de Clapham. Clapham était un quartier de Londres dans lequel habitaient ces évangéliques dont le groupe était appelé secte, mais qui en réalité était une ligue au sein du parlement. Ce furent ces évangéliques qui menèrent le mouvement antiesclavagiste.

L'impact du christianisme sur l'essor de la civilisation occidentale – bien que passé sous silence et pratiquement introuvable dans les livres séculiers – témoigne aussi de la vitalité de l'Occident et de sa puissance militaire. Le fait que l'énergie déployée par les croisés dans la décapitation des personnes était produite par le christianisme semble certes étrange, mais il apporte la preuve que le christianisme rend les gens en bonne santé. Le christianisme ramène «le cœur des pères à leurs enfants». Dès qu'une population devient chrétienne, le taux de mortalité infantile diminue considérablement et toutes sortes de bonnes institutions voient le jour, notamment des orphelinats, des hôpitaux et des asiles psychiatriques. Bref, le christianisme apporte des améliorations face à des problèmes de divers ordres. Tous ces bienfaits du christianisme ont à un moment de l'histoire produit – même chez ceux qui ne le reconnaissent pas aujourd'hui – une force, une énergie qui a fini par se déployer dans le monde entier.

Ce déploiement historique de la force occidentale peut être appelé « colonialisme » (avec l'accent péjoratif qui lui est associé) ou plutôt « bénédiction ». À nous de choisir ! Néanmoins, je ne connais aucun citoyen lucide d'une ex-colonie qui ne pourrait affirmer combien les opinions de ses compatriotes au sujet de l'ancienne présence coloniale sont ambivalentes. Plusieurs personnes en Inde aujourd'hui, si elles avaient le choix, demanderaient aux Anglais de revenir. Évidemment, elles auraient à y réfléchir par deux fois ! Il y aurait bien des personnes qui seraient opposées à cela. Et cela aurait probablement entraîné beaucoup de violence.

Le fait qu'un pays quelconque gouverne sur un autre est tout de même quelque chose d'incroyable. Dans son livre *The Fatal Impact*, Allan Moorehead (1966) décrit le rôle joué par une telle entreprise dans le Sud du Pacifique comme une expérience littéralement fatale pour des milliers d'autochtones. En effet, cet impact a été fatal non seulement aux populations que les bateaux négriers et les maladies d'Europe ont respectivement capturées et ravagées, mais aussi à leurs cultures qui furent largement détruites.

Or, à un moment donné de l'histoire, après quatre cents ans d'un déploiement énorme, énergique, irréversible, ayant permis de contrôler chaque mètre carré de la surface du globe, cet immense mouvement, qui avait gagné le monde entier et que plusieurs ne s'imaginaient pas qu'il prendrait fin un jour, a subitement commencé à s'affaisser et à se retirer.

C'est ainsi qu'advint la chute de la puissance coloniale, une chute incroyable et inattendue. Je ne vais pas dire que je ne pense pas qu'il y ait en l'homme occidental une moindre vertu ou supériorité intrinsèque. Mais ce que je pense vraiment, c'est qu'il y a quelque chose de supérieur dans la culture occidentale dans la mesure où elle a été affectée par l'évangile du Seigneur Jésus-Christ. Et je n'attribuerais pas, même pas d'une seule once, le mérite à quoi que ce soit d'autre. C'est à Christ que revient le mérite. Et à ce sujet, les nations occidentales peuvent s'exclamer : « N'eût été la grâce de Dieu, nous n'aurions pas eu cette veine ! »

Il y a quelques années, j'étais assis dans une chambre d'hôtel et parlais avec John Gatu, un responsable chrétien de l'Afrique de l'Est. Nous devions débattre quelques minutes plus tard, devant les caméras, au sujet de sa proposition vivement critiquée de mettre un moratoire sur toute œuvre missionnaire. Sur son initiative, il s'était présenté à ma chambre d'hôtel quelque temps auparavant – dans l'espoir que d'une certaine manière, nous pourrions éviter des conflits inutiles au cours de la discussion que nous aurions. Je suis sûr qu'après notre débat, il était complètement satisfait par mes positions parce que j'avais admis qu'en ce qui concernait particulièrement le Kenya, il était tout à fait raisonnable que les missionnaires n'aient plus le pouvoir de décision.

Or, j'étais en train de m'adresser à un homme dont le groupe ethnique avait été impliqué quelques mois plus tôt dans l'insurrection des Mau-Mau. Si j'étais John Gatu, j'aurais été embarrassé à la pensée que mon ethnie, les Kikuyu, avaient pris part aux orgies et aux atrocités inimaginables commises par ce peuple (Mau-Mau) soumis à Satan. Ce que j'essayais de lui dire – et que pourtant je n'arrivais pas à exprimer facilement – c'est que j'étais au courant, tout autant que lui, des orgies de brutalité et de bestialité qui avaient existé dans le passé de mon propre peuple.

À l'origine, les Irlandais étaient des chasseurs de têtes. Dans leurs petites embarcations, ils avaient coutume de remonter le long de la mer d'Irlande et, environ cinquante kilomètres plus loin, d'assiéger tout à coup un petit village dont ils massacraient tous les habitants : hommes, femmes et enfants. Ensuite, ils empilaient les têtes de leurs victimes dans leurs embarcations au point de les faire couler, puis retournaient chez eux les évider afin de se servir des crânes pour boire. Jusqu'au 16ᵉ siècle, les Irlandais buvaient encore dans des crânes.

Détrompons-nous donc ! Satan est le dieu de ce monde et tous les peuples ont pour fond des cultures contrôlées par Satan. La société occidentale ne dispose d'aucun mérite intrinsèque sinon celui provenant de l'impact direct ou indirect de l'Évangile de Jésus-Christ.

La science elle-même provient d'une cosmologie qu'on retrouve uniquement dans la tradition judéo-chrétienne. Vous ne pouvez être un scientifique si vous ne croyez pas dans la structure ordonnée de la nature ni si vous n'êtes qu'un philosophe helléniste. Platon croyait en l'existence d'un panthéon de dieux se querellant sans cesse et dont les querelles décidaient de la tombée ou non de la pluie. Vous ne pouviez donc pas faire une observation scientifique si vous étiez Platon. Il n'y a en fait rien d'inhérent à la tradition helléniste qui aurait permis à la science de se développer. La soi-disant science des Grecs, sur laquelle beaucoup de livres ont été écrits, appartient à une catégorie totalement différente de la science occidentale. Les racines de cette dernière sont des réflexions empreintes de piété chrétienne au sujet de l'ordre et de la beauté de la création de Dieu.

C'est ce Dieu-là qui, à un certain moment, a manifestement dit à la puissance politique occidentale : « Cela y est ! » L'effondrement de ce vaste empire mondial constitue en fait l'histoire du « repli de l'Occident ». Or, ce repli n'est en fait qu'un repli de la puissance politique et militaire, ce n'était pas un repli de la puissance culturelle ou économique ni un repli de l'influence religieuse de l'Occident.

Beaucoup de personnes ont pensé et sans doute plusieurs ont espéré qu'avec le retrait des troupes de leurs administrations coloniales, les puissances occidentales auraient emporté avec elles toutes leurs influences. Mais comme vous le verrez dans plusieurs chapitres de mon livre, l'impact culturel de l'Occident s'est, dans plusieurs cas, intensifié en l'absence d'une administration coloniale parfois étouffante, sévère et condescendante.

Une autre chose importante à relever dans cette histoire est que dans la plupart des cas, l'Évangile de Jésus-Christ a accru son influence avec le repli de l'Occident. Il n'y a donc pas eu un repli de l'Évangile ! En effet, le livre *The Twenty-Five Unbelievable Years* (les vingt-cinq années incroyables) n'est qu'en fait l'histoire du phénomène incroyable qui a vu l'Église de Jésus-Christ s'affirmer pendant les vingt-cinq années après le retrait occidental, avec plus de puissance et plus de force, et encore plus enracinée et plus autochtone que par le passé.

Arrivé à ce point, le sujet de cette leçon, de la colonisation à la globalisation, peut être considéré non comme deux ères différentes, mais comme une transition longue et progressive dans laquelle ces deux ères se côtoient continuellement. La fin de ces vingt-cinq années glorieuses est décrite dans ce livre comme la fin de quelques éléments externes seulement de l'impact occidental, son enveloppe extérieure. La dynamique interne de l'impact occidental, quant à elle, n'a pas du tout décliné, plutôt elle est devenue la force motrice la plus importante du monde entier.

Par ailleurs, la globalisation n'est pas un phénomène nouveau, excepté par son ampleur et sa rapidité actuelles. Depuis des millénaires, il y a eu des échanges de biens entre une région du monde et une autre, toutes deux situées respectivement aux deux bouts de la planète. La seule chose qui ait apparemment changé est le fait que ce phénomène se soit incroyablement accéléré. Le niveau d'interdépendance a lui aussi tellement augmenté que certains pensent que la principale raison pour laquelle la Chine ne saurait conquérir littéralement les États-Unis est qu'il existe une interdépendance industrielle et économique entre ces deux pays. Franchement, je pense qu'il est possible que ce soit l'effet contraire qui se produise. À ce propos, remarquez qu'avant de retourner à la vie civile, à cause de ce dont elles avaient appris de l'art de la guerre à l'époque où elles étaient enrôlées dans les légions romaines, les tribus gothiques étaient devenues désireuses et capables d'envahir la capitale occidentale de la cité de Rome. Et cette cité-là, les Romains ne l'ont plus jamais récupérée.

Les auteurs d'un récent ouvrage affirment que de nos jours la terre est « plate ». Ce qui veut dire que le champ de bataille économique est aujourd'hui nivelé et les petits commerces locaux doivent désormais affronter de puissantes entreprises basées à des kilomètres plus loin – vu sous cet angle, on dirait que le monde n'est pas seulement devenu plat, mais qu'il est aussi devenu petit. Ce livre donne l'exemple des travailleurs en Égypte qui ont perdu leur emploi parce que le travail qu'ils avaient l'habitude de faire leur a été ravi par des procédés plus efficaces mis en place en Chine. Chaque année, les fabricants de lanternes du Caire avaient l'habitude de travailler des mois à l'avance et de faire des stocks de leurs produits jusqu'à la date où selon le calendrier islamique, le fait de tenir des lanternes à la main soit de mise pour tout le monde. Aujourd'hui, des millions de telles lanternes sont fabriquées en Chine et expédiées en Égypte à bas prix.

Les milliers d'Égyptiens laissés sans emploi ne sont pas devenus moins désireux ni incapables de travailler. Ils ne peuvent tout simplement pas concurrencer l'efficacité chinoise. S'ils sont devenus pauvres, ce n'est point à cause d'une faute qui leur est imputable, c'est à cause de l'amélioration considérable qui a eu lieu dans les domaines de la communication et de l'industrie mondiale. La faute n'est pas non plus imputable au peuple chinois qui aurait essayé de leur causer du tort. Les travailleurs chinois essaient tout simplement de fabriquer des objets que le monde entier peut acheter afin qu'eux-mêmes soient en mesure d'acheter ce que d'autres pays du monde fabriquent. Comme autre exemple de ce phénomène, les deux premiers millions de drapeaux américains miniatures vendus aux États-Unis après le simulacre du 11 septembre avaient été fabriqués en Chine.

Pendant plusieurs siècles et de manière progressive, ce qu'on a appelé chômage technologique s'est installé depuis que les métiers à tisser et l'agriculture de subsistance ont respectivement cédé la place aux usines de textile et à l'agriculture mécanisée. Aujourd'hui, les transitions sont accélérées. Et des millions de personnes vivant actuellement dans le monde sous-développé se retrouvent subitement sans travail tandis qu'au même moment, des gens en petit nombre obtiennent, dans le cadre des retombées de la globalisation de l'économie et par le fait de l'externalisation, des emplois qui avant n'existaient pas dans leur milieu.

La poussée de la globalisation a manifestement introduit un nouveau paramètre dans la stratégie que doivent adopter les missions chrétiennes. Mais nous aborderons ce sujet dans une autre leçon.

Chapitre 15
L'EXPANSION DE NOUVELLES MISSIONS AU LENDEMAIN DE LA SECONDE GUERRE MONDIALE

Le déclin et la chute du CIM

C'est consécutivement à la tenue de la Conférence missionnaire mondiale de 1910, la toute première du genre à l'échelle mondiale, que fut créé le Conseil International des Missions (CIM). C'était une conférence particulière réservée à des missionnaires et à des responsables de mission dans le monde.

De cette conférence naquit en 1921 le Conseil International des Missions dont l'avènement, retardé par la Première Guerre mondiale, fut rendu possible grâce aux efforts de John R. Mott, lequel signait par là même l'une de ses plus formidables réalisations. Ce Conseil avait réussi à regrouper ce qu'on a appelé plus tard les 22 « Conseils nationaux chrétiens » œuvrant dans le champ missionnaire. Chacun de ces conseils rassemblait en son sein tous les missionnaires provenant des diverses organisations à l'œuvre dans le pays qu'il représentait.

Comme conséquence inattendue de l'avènement de ce « conseil des conseils », des Églises nationales virent le jour, et de ces Églises, de grands leaders commencèrent à émerger au cours des nombreuses décennies qui suivirent. Voici pour l'aspect positif. Néanmoins, à partir du moment où ce phénomène prit de l'ampleur, il devint judicieux d'introduire ces nouveaux leaders dans les assemblées des Conseils nationaux chrétiens, lesquels avaient auparavant pour seul centre d'intérêt la mission.

Par voie de conséquence, ces Conseils nationaux chrétiens furent progressivement poussés à changer leurs appellations et leurs fonctions pour devenir des Conseils nationaux d'Églises. L'Inde disposait d'un conseil national chrétien parmi les plus larges. Le Conseil indien n'avait pas changé son appellation, mais avait changé ses fonctions en 1945 lorsque, sous l'incitation des responsables de la mission présents à cette session, le Conseil adopta la résolution selon laquelle les expatriés en service à la direction de la mission seraient désormais privés du droit de vote. Dorénavant, il fallait être un responsable autochtone de l'Église pour voter. Cette décision fut accueillie volontiers comme un acte de nationalisation appréciée de tous.

Cependant, cette mutation des conseils chrétiens en conseils d'Églises était une avancée majeure ou non, selon la perspective adoptée. Car l'envers du décor, c'est que ce changement enlevait involontairement l'objectif missionnaire de l'organisation mère, le Conseil International des Missions. Et pendant que les délégations des conseils des pays occidentaux étaient toujours composées de responsables d'organisations missionnaires, celles des 22 autres conseils avaient peu à peu changé de manière définitive pour ne plus comprendre que des responsables d'Églises. En 1958, au Ghana, le CIM vota sa propre fusion avec le Conseil œcuménique des Églises. Avec ce vote, le souci premier du CIM disparut qui était d'avoir une vue d'ensemble de la situation sur le terrain à travers les yeux des responsables des missions.

Ce résumé synoptique a, entre autres, pour but de vous montrer pourquoi en 1980, une conférence semblable à celle de 1910 fut convoquée et pourquoi cette conférence essaya vainement de mettre sur pied une autre structure mondiale devant représenter les organisations missionnaires. La structure voulue n'apparut qu'en 2005 suite à la conférence intitulée « Singapour 2002 » qui avait été convoquée dans l'objectif spécifique d'axer les efforts missionnaires sur les peuples non atteints. Cette nouvelle organisation, à laquelle nous reviendrons plus tard, fut appelée le Réseau global des structures missionnaires (Global Network of Mission Structures).

L'apparition des « Missions de services » après la Seconde Guerre mondiale

Après la Seconde Guerre mondiale, on a assisté à l'apparition inattendue d'un deuxième phénomène de très grande ampleur. Comme toutes les autres, cette guerre fut une tragédie. Mais parfois, de bonnes choses peuvent provenir des tragédies. Et pour ce qui est de celle-ci précisément, elle avait permis de mobiliser assez d'argent pour expédier 11 millions d'Américains parcourir le monde entier et s'engouffrer par la même occasion dans une œuvre missionnaire jusqu'alors quasiment nouvelle dans les îles du Pacifique ; là où les Japonais par exemple ne se seraient jamais aventurés n'eût été le fait que 75% de la population de ces îles, devenue chrétienne, s'identifiaient progressivement aux nations qui leur avaient envoyé des missionnaires.

Ainsi, au cours des cinq années qui suivirent la guerre, le personnel militaire, de retour de cette tragédie qui lui avait permis d'acquérir de nouvelles compétences, mit sur pied 150 nouvelles organisations missionnaires. Cette montée en puissance d'organisations d'un nouveau genre aurait pu constituer à elle seule une ère à part entière – avec les trois autres – de notre analyse si seulement elle avait permis de repousser les frontières du champ missionnaire d'alors en se consacrant par exemple aux « non atteints » – ceux-là mêmes qu'on avait évités jusqu'alors, mais qui sont récemment devenus l'objet d'une attention particulière.

Quoique les GI ne soient pas parvenus à marquer le début d'une nouvelle ère, ils ont néanmoins inauguré un déferlement nouveau et important d'Américains sur la scène missionnaire. Et partant, on pourrait même se laisser aller à penser que c'est manifestement à la Seconde Guerre mondiale que l'on doive l'éclosion du plus grand mouvement de conscience missionnaire, encore plus grand que celui suscité par le Mouvement missionnaire estudiantin un demi-siècle plus tôt. Il faut tout de même ajouter que ces 150 nouvelles missions n'avaient pour particularité que celle d'apporter un service technique aux organisations missionnaires déjà existantes. En effet, ces ex-militaires avaient acquis des compétences dans la radiodiffusion, le pilotage des avions, l'imprimerie, la gestion et l'art de prendre des décisions dans des situations difficiles ; et toutes ces qualités techniques transparaissaient au travers de ces nouvelles structures missionnaires.

Des structures missionnaires mondiales en pleine mutation

Les « missions de services ». Primo, il y eut, comme nous venons de mentionner, l'avènement de nouvelles organisations de services qui mettaient un accent particulier sur la radiodiffusion, l'aviation, la littérature, l'évangélisation des enfants, etc. Il convient d'ajouter à cette catégorie les organisations d'entraide et de développement dont les vocations furent suscitées lors des contacts directs que les GI avaient à l'étranger où prévalent souvent des conditions précaires.

Les Missions internationalisées. Secundo, plusieurs organisations parvinrent peu à peu à se transformer d'agences nationales actives à l'échelle internationale en de véritables « agences internationalisées » composées non seulement de ressortissants de plusieurs pays occidentaux, mais aussi de leaders nationaux à l'étranger.

Ces mutations ne se firent pas sans problèmes. En effet, jusqu'à ce jour, il n'existe malheureusement aucun manuel expliquant comment internationaliser une organisation nationale active à l'échelle internationale. Pourtant en l'an 2000 déjà, des douzaines de missions avaient ajouté le mot « international » à leurs appellations quoiqu'il ne revête aucune signification spécifique. Il voulait simplement dire que d'autres pays occidentaux apportaient désormais leur appui à ces organisations récemment « internationalisées ». Néanmoins, certaines missions, notamment l'Union Missionnaire d'Outre-mer, comptent de plus en plus de membres issus de pays non occidentaux.

Les Missions du tiers-monde. D'autres structures missionnaires virent le jour provenant de l'idée alors nouvelle – malheureusement, car cette initiative aurait dû être prise plus tôt – selon laquelle les Églises nationales dans le reste du monde devaient créer leurs propres structures missionnaires. Ces structures-là furent souvent appelées « missions du tiers-monde ». En règle générale, les missions occidentales ne prenaient ni ne pensaient à une telle initiative. L'exception majeure à cette règle demeure probablement l'Alliance Chrétienne et Missionnaire (ACM) et son œuvre en Asie du Sud-Est. C'est dans cette région et nulle part ailleurs – même si elle est active dans le monde entier – que cette organisation s'était assurée que toutes les Églises locales qu'elle avait mises sur pied ne disposait d'un département consacré à la mission. Ainsi, tout missionnaire envoyé depuis les Philippines sous le couvert de l'ACM dépendait du soutien financier et de l'assistance des Églises ACM aux Philippines, et non de ceux provenant du siège de l'ACM aux États-Unis.

Nations et ethnies : nouvelle perspective

C'est à la pensée de Donald McGavran que l'on doit le plus grand changement de perspective dans la stratégie missionnaire du 20ᵉ siècle. Pour ce missionnaire de troisième génération qui servit en Inde, les barrières jusque-là invisibles de la culture (et pas seulement de la langue) étaient devenues évidentes et importantes par-dessus tout. Il pensait que lorsqu'un individu d'un groupe ethnique devenait chrétien, il ne devait pas être encouragé à se joindre à une Église déjà existante d'un autre groupe, mais devait être considéré comme une « passerelle de Dieu » vers son propre groupe. De cette façon, le fait qu'une personne appartenant à un groupe non atteint ait connu pour la première fois l'Évangile, constituait en soi un événement bien plus stratégique que celui d'avoir un disciple de Jésus de plus au sein d'un groupe comptant déjà beaucoup de Chrétiens. Et pourquoi ? Parce que désormais, un nouveau groupe pouvait être touché.

Sa façon spécifique d'appliquer ce principe fut cependant limitée à trouver dans les derniers bancs d'une église (qu'il appelait le « conglomérat ecclésial ») une « passerelle de Dieu » afin de l'utiliser pour atteindre une autre partie de la société jusque-là isolée par des barrières culturelles.

Ma conception personnelle de ce principe fut la suivante : si les barrières culturelles étaient aussi importantes que McGavran avait affirmé, tous ces groupes isolés, sans aucun converti, étaient en danger et devaient faire l'objet d'une attention particulière. McGavran fut tout d'abord réfractaire à cette nouvelle idée de porter une attention spéciale à ceux qu'on a plus tard appelés les « peuples non atteints ». Il voulait se rassurer que les organisations ne négligeassent aucune « passerelle de Dieu » potentielle dans leur souci d'amorcer une œuvre pionnière au sein de nouveaux groupes. Avec du recul, il est évident que ces deux perspectives étaient valables et, en un laps de temps court, McGavran adhéra au mouvement pour les peuples non atteints. De nombreuses organisations qui firent de même sont aujourd'hui redevables à son idée originale de l'importance stratégique des barrières culturelles. Cependant, on peut de temps à autre considérer l'idée d'« Églises homogènes » comme une forme de racisme. Mais ce qui est considéré comme racisme pour les uns est pour les autres une liberté d'autodétermination. Il n'y a sans doute rien de raciste dans le fait que des gens soient à l'aise de parler leur propre langue ou qu'ils tirent profit du fait qu'ils partagent les mêmes traditions culturelles.

Le Mouvement de Lausanne, la CEM, le GCR et le RGSM

À la suite de l'effondrement du CIM, Carl F. H. Henry, un des théologiens évangéliques des plus éminents dont l'épouse était fille d'un missionnaire au Cameroun, convainquit Billy Graham d'organiser avec lui une conférence mondiale sur l'évangélisation à Berlin en 1966. Cette conférence rencontra un tel succès qu'une deuxième du genre, mais plus grande et avec un accent particulier sur la mission, fut organisée en 1974, à Lausanne (Suisse). Ce « Congrès international pour l'évangélisation mondiale » eut un impact encore plus retentissant. Près de 20% des participants étaient des missionnaires travaillant dans une autre culture. Et c'est au cours dudit Congrès que la Déclaration de Lausanne, bien connue et respectée, fut rédigée par John R. Stott et adoptée dans sa forme définitive par un comité.

Certes, ce document contenait une section importante consacrée à la mission. Seulement, il traitait de cette question missionnaire un peu comme si elle avait été jusque-là un quasi-échec et comme si elle resterait toujours confrontée à des défis presque impossibles à relever. Il a fallu attendre une conférence de Lausanne ultérieure organisée aux Philippines en 1987 pour que le Manifeste de Manille accorde une plus grande importance à la mission. L'ébauche de ce Manifeste, avec des contributions de membres du CAMM, fut rédigée sous l'égide de John R. Stott.

Les conférences du Mouvement de Lausanne – en fait, il y eut plusieurs conférences régionales Lausanne tenues au fil des années – se singularisent particulièrement par leur caractère inclusif lorsqu'on les compare aux rencontres de la Communauté Évangélique mondiale (de nos jours Alliance évangélique mondiale). Conformément à sa déclaration de foi explicite, la CEM n'a toujours eu pour membres que des dénominations. Le Mouvement de Lausanne, quant à lui, accueille autant les individus que les Églises locales, indépendamment du type de rapports dénominationnels qu'ils entretiennent. Au cours d'une conférence de Lausanne, on pourrait facilement faire la rencontre d'un représentant de l'Armée du Salut (mouvement de 500.000 membres en Roumanie) ou d'un membre de l'Église luthérienne de Lettonie. Or, de tels leaders chrétiens ne se pointeraient jamais à une rencontre de la CEM, laquelle organisation, inversement, n'est d'ailleurs pas connue de leurs milieux.

La deuxième caractéristique du Mouvement de Lausanne est que, fidèle à lui-même, il regroupe des responsables d'Églises évangéliques et même de hauts responsables d'Églises plus anciennes, notamment les pré-évangéliques, afin de les gagner à la cause de l'évangélisation.

En 1974, l'exposé que je devais faire au cours de la conférence susmentionnée fut censuré au préalable afin d'y éliminer toute trace du mot « mission ». Je fus contraint d'adopter le titre suivant : « L'évangélisation interculturelle : la priorité absolue ». Et puisqu'il me fallait remplacer le terme « mission » par le mot « évangélisation », je dus convertir mes codes M-1, M-2, M-3 en E-1, E-2, E-3. Alors, je peux comprendre qu'en parlant seulement d'évangélisation (comme initiative interne des citoyens d'un pays) plutôt que de missions (en référence aux organisations cherchant à influencer un pays de l'extérieur), Billy Graham pensait ainsi – et avec raison d'ailleurs – éviter l'opposition des gouvernements. Seulement, cette logique dépend uniquement de l'existence préalable dans ledit pays d'un groupe de personnes désireuses et capables d'évangéliser. En d'autres termes, cette approche dépend entièrement d'un travail missionnaire antérieur et ne saurait par conséquent engendrer une œuvre missionnaire pionnière. Or, point n'est besoin de souligner qu'un peuple non atteint se caractérise essentiellement par le fait qu'il n'y a jamais eu d'œuvre missionnaire préalable en son sein.

Le Conseil missionnaire norvégien avait toujours été l'une des forces majeures du CIM jusqu'au moment où ce dernier fusionna avec le Conseil œcuménique des Églises. Par cet acte, le Conseil missionnaire norvégien et les autres conseils et associations d'organisations missionnaires occidentales furent en quelque sorte mis sur la touche. En effet, certains théoriciens étaient arrivés à la conclusion que, au regard de la croissance exponentielle des Églises dans presque tous les pays d'outre-mer, les structures qui continuaient d'envoyer des missionnaires étaient complètement dépassées et que, par conséquent, les organisations comme le Conseil missionnaire norvégien étaient des dinosaures dont on pouvait désormais se passer.

Cependant, ce point de vue ne peut être valable que pour les pays dans lesquels il existe déjà des Églises locales pour la simple raison que de nos jours, les "nations de la terre" ne se conçoivent plus sous la forme de pays, mais font plutôt référence aux quelques 24.000 groupes ethniques qui peuplent la surface terrestre. Cela nous ramène donc à la conception traditionnelle de la mission, laquelle en réalité nous interpelle à envisager sérieusement la possibilité que les Églises actuelles d'outre-mer ignorent l'existence des minorités et même des majorités qui se situent à l'extérieur de leurs sphères d'influence.

En effet, les tensions ethniques qui existent dans chaque pays constituent non pas des faits mineurs, mais des paramètres majeurs à prendre en compte dans l'élaboration d'une stratégie missionnaire. Il est tout à fait normal bien qu'en même temps complètement absurde de supposer qu'une Église d'un groupe ethnique quelconque dans un pays donné essaiera automatiquement de gagner d'autres groupes ethniques desquels, comme c'est souvent le cas, l'ethnie qu'il représente est un ennemi de longue date. Par ailleurs, l'aphorisme anthropologique "plus ils sont proches, plus ils sont distants" s'applique dans son sens négatif à la majorité des cas de proche voisinage ethnique. Par exemple, un évangéliste navajo serait mieux accueilli parmi les Lapons de Norvège que ne le serait leur voisin norvégien ayant envers eux du ressentiment ou étant lui-même l'objet de leur ressentiment. De même, les Indiens Zuni de l'Arizona seraient enclins à mieux recevoir un missionnaire canadien plutôt qu'un Blanc de Phoenix.

Ces réalités nous font comprendre pourquoi l'adoption d'une stratégie missionnaire ne doit pas toujours se faire de manière intuitive. Elles nous montrent aussi pourquoi il n'est pas judicieux d'envoyer simplement de l'argent un peu partout dans le monde à des personnes censées évangéliser leurs proches voisins. Elles expliquent aussi pourquoi il est probable qu'une personne travaillant dans le champ missionnaire pour une courte durée, mais qui ne s'engage pas aux côtés des missionnaires à long terme sur place, ne fasse pas plus qu'acquérir une expérience interculturelle profitable à elle seule ; en général, la contribution à l'œuvre missionnaire de ces prestataires de service de courte durée est infime, voire néfaste.

Pour finir, toute cette complexité inhérente à la stratégie missionnaire explique pourquoi il est improbable que les Églises locales soient en mesure d'envoyer effectivement leurs propres missionnaires sans utiliser le canal des organisations expérimentées qui ont l'habitude de faire face aux nombreux aspects imprévisibles de la stratégie sur le champ missionnaire.

Revenons-en au Conseil missionnaire norvégien. Laissé pour compte après la phagocytose du Conseil International Missionnaire, il prit l'initiative de former ce qui allait plus tard devenir la « *Great Commission Roundtable* » (GCRT ; Table ronde de l'ordre missionnaire). Cette initiative fut mise sur pied au cours d'une rencontre convoquée à Hurdahl en Norvège par le Conseil missionnaire norvégien à laquelle participèrent des représentants du Mouvement AD 2000, du Comité de Lausanne d'évangélisation mondiale, de l'Alliance évangélique mondiale et de l'Association Billy Graham. Les représentants de toutes ces organisations, à l'exception de la dernière, ont continué à se réunir plusieurs fois, à telle enseigne que désormais, il existe une "table ronde" de toutes ces entités à l'échelle mondiale. Il faut souligner que les responsables de missions n'y jouent pas un rôle important. Néanmoins, leur GCRT fut consulté au moment de la création du Réseau global de structures missionnaires (RGSM).

Le RGSM fut, quant à lui, créé en avril 2005 à Amsterdam au cours d'une petite rencontre. Environ trente leaders représentant des missions du monde entier décidèrent alors d'établir un bureau permanent en Malaisie, chargé de coordonner leurs débats futurs. Plus tard, ils convinrent de se constituer en personne morale. Aujourd'hui, leurs perspectives sont positives.

Il existe à présent de nombreuses associations nationales et régionales d'organisations missionnaires en mesure de réfléchir, ou qui réfléchissent déjà, sur les questions auxquelles elles font face dans leurs champs d'action respectifs. Or, seule une entité globale est capable de suivre la trace des migrants qui, aujourd'hui, vont d'un bout à l'autre du monde. Et puisqu'il est avéré qu'un groupe donné peut mieux être touché dans un certain lieu que dans un autre, c'est une des tâches importantes que le RGSM peut mener à bien.

Chapitre 16
AU-DELÀ DU CHRISTIANISME

Le titre de cette leçon, tel qu'il est formulé, ne vise point la provocation. D'ailleurs, cette leçon, à aucun endroit, ne portera sur le « christianisme personnel ». Nous y parlerons plutôt de mouvements impliquant des familles entières, des communautés et peut-être même des pays. Car, aucun « christianisme personnel », quel que puisse être son initiateur, ne saurait être à l'image de la foi biblique, de manière adéquate et sur le long terme.

Commençons par examiner le titre *Churchless Christianity* (christianisme sans Église) donné à un important ouvrage d'Herbert Hoefer (2001), un éminent théologien luthérien du Synode du Missouri qui a travaillé pendant quelques années comme professeur dans un séminaire consacré à la formation pour le champ missionnaire. L'ouvrage en question est un rapport d'étude scientifique menée à partir d'un échantillonnage statistique de la population de Chennai, la plus grande ville de l'Inde du Sud, aujourd'hui appelée Madras. Cet ouvrage fournit un exemple concret de ce à quoi renvoie pour nous l'expression « au-delà du christianisme ».

Le livre de Hoefer se propose en fait de décrire un phénomène surprenant qu'il avait observé en Inde : une manifestation importante de la foi véritable s'y était développée en marge de ce qu'on peut appeler les Églises de type occidental. C'est de ce phénomène que lui est venue l'idée d'un « christianisme sans Église » faisant référence à ce mouvement qui, en Inde, existait en dehors du cadre formel des Églises chrétiennes, mais qui s'accommodait néanmoins d'une certaine forme d'association communautaire. Pour son étude, Hoefer avait appliqué ses techniques d'échantillonnage à l'immense population d'environ 13 millions de personnes de la ville de Chennai et de ses environs. Il fit la découverte suivante : près de trois quarts de cette population avaient de Christ une opinion bien plus haute que la moyenne des Européens et les autres 25% de la population, qui s'avéraient être de croyants authentiques en Jésus, ne tenaient pas leurs cultes et leurs études bibliques dans des chapelles. Pour ces derniers, de telles rencontres étaient organisées dans des maisons de la famille élargie.

Hoefer donna donc à cette catégorie des 25% de la population le nom de « christianisme sans Église ». Chose curieuse, cette dernière catégorie de Chrétiens de Chennai était deux à trois fois plus importante en nombre que la population chrétienne de l'Église formelle.

Tout bien considéré, il aurait peut-être mieux fallu désigner ce mouvement par l'expression « Église a-chrétienne » plutôt que par celle de « christianisme sans Église ». Car, quoiqu'en dehors du cadre du christianisme formel, il se présente néanmoins sous la forme de ce qu'on appelle aujourd'hui des « Églises de maison ». C'est juste que ce mouvement ne voulait être associé ni au christianisme occidental ni en particulier à la classe sociale des Dalit (intouchables). En d'autres termes, les millions de personnes appartenant à ce mouvement avaient certes la foi en Christ, mais elles n'adhéraient pas à un christianisme proche à la fois des classes sociales les plus basses et de la dépravation occidentale (prédilection pour la famille nucléaire au détriment de celle élargie, taux élevé de divorces, pornographie, beuveries d'alcool, taux de criminalité élevé, etc.). On peut donc dire qu'il s'agissait là d'un mouvement « d'Églises de maison non chrétiennes ».

Par ailleurs, les pourcentages observés à Chennai ne s'appliquaient pas à d'autres régions de l'Inde. Dans la zone tribale du Nord-Est de l'Inde où les effectifs démographiques étaient de loin plus petits qu'à Chennai, la population chrétienne atteignait les 75%, voire les 95%. Or, ce phénomène qu'on observait à Chennai, en l'occurrence cette foi et cette pratique déconnectées du style de vie de l'Église occidentale, était susceptible de se manifester n'importe où en Inde et dans le monde.

Dans les lignes qui suivent, nous mènerons une investigation sur ce phénomène du type Chennai, lequel est d'ailleurs un phénomène d'envergure mondiale. Notre étude systématique des manifestations de ce phénomène, au cours de laquelle nous reviendrons brièvement sur quelques éléments abordés dans les leçons précédentes, s'articulera autour des trois périodes suivantes : la période néotestamentaire, la période de la Réforme et la période contemporaine.

La période néotestamentaire

Au cours d'une précédente leçon, nous avons vu comment le revêtement ou encore le « vase de terre » contenant le véritable trésor de la foi a évolué au cours des siècles. Nous avions alors parlé des diverses phases de cette évolution depuis les temps de l'Ancien et du Nouveau Testament jusqu'à l'époque de l'Empire romain au cours de laquelle l'empereur Constantin a apporté l'un des plus importants changements que ce « vase de terre » n'ait jamais connus. Nous avions dit que la plupart des tout premiers changements, quoique s'opérant au sein d'une même tradition culturelle, étaient diachroniques parce qu'ils étaient fonction du temps. Par ailleurs, nous avions affirmé que le Nouveau Testament constituait davantage une mutation « latérale » bien plus radicale, c'est-à-dire un mouvement au cours duquel on passe d'un « vase de terre » d'une culture donnée à celui d'une autre culture totalement différente de la première, en sorte que les deux revêtements culturels continuent d'exister simultanément.

Des deux types de changements, les mutations latérales sont les plus troublantes, car presque chaque fois que l'une d'elles se produit, ceux dont la foi était véhiculée par un vase plus ancien refusent de reconnaître la validité de la foi contenue dans le vase plus récent et culturellement différent du leur. Comme nous avons vu, certains Juifs qui avaient cru en Christ ne concevaient pas l'idée que les Grecs puissent être des disciples fidèles de Christ sans adopter la culture alimentaire et le style vestimentaire juifs ni leur langue, l'hébreu. Pendant ce temps, les disciples grecs avaient du mal à se faire à l'idée que la culture juive – qu'ils trouvaient dépassée, totalement inadéquate et susceptible de les fourvoyer – soit à même d'exprimer convenablement la foi en Christ.

Plus tard, au cours de la Réforme, ce fut au tour des catholiques romains de culture méditerranéenne de ne pas admettre que la foi pouvait être véhiculée dans un vase culturel germanique. Penchons-nous donc sur cette période qui a été étudiée de manière exhaustive :

La période de la Réforme

Au cours de la période néotestamentaire, les considérations réciproques de certains croyants grecs, d'un côté, et de certains croyants Juifs, de l'autre, avaient poussé chacune des deux parties à ne pas reconnaître la validité du vase culturel de l'autre en tant que véhicule de la foi. Parallèlement, au cours de la Réforme – comme il fallait s'y attendre d'ailleurs – ceux qui avaient gardé la foi biblique dans le vase culturel germanique trouvèrent que le vase méditerranéen n'était pas valide et qu'il devait être remplacé, tandis que ceux dont le vase culturel était de type méditerranéen ne reconnurent pas la validité du vase culturel germanique.

Cependant, la période de la Réforme vit naître maintes formes de foi. En effet, des traces du manichéisme zoroastrien, ayant survécu au temps, donnèrent lieu à un type de foi particulier développé par les Cathares du sud de la France que les catholiques s'évertuèrent à exterminer complètement.

Par ailleurs, il y eut en Allemagne des paysans dont la façon de lire la Bible et de vivre leur foi ne s'accordait ni avec la tradition catholique, ni avec celle luthérienne. Au cours de cette même période, le mouvement anabaptiste devenait assez fort au point même d'être qualifié de troisième force de la Réforme. D'ailleurs, un immense fossé social subsiste jusqu'à ce jour entre la tradition catholique romaine et l'anabaptiste en raison de la distance séparant respectivement catholiques et protestants, d'une part, et protestants et anabaptistes, d'autre part.

À ce jour, la tradition catholique romaine demeure la plus grande source d'inspiration dévotionnelle à la fois par sa foi (fond) et tout particulièrement du fait de son vase de terre (forme). Plus qu'aucun autre courant, elle est la seule qui ait su propager avec succès sa langue. Pendant nombre de siècles, en effet, le latin, un peu comme l'anglais aujourd'hui, s'est imposé simultanément comme une importante langue véhiculaire et comme une langue savante. L'idée de créer une unité des peuples par l'entremise d'une langue commune a été une initiative formidable et le fait qu'une grande partie de l'Europe ait partagé une même langue écrite a été d'un avantage considérable. Seulement, cette « initiative formidable » qu'on peut qualifier d'« élan d'uniformisation » a pris définitivement fin avec l'avènement de la Réforme.

Pour ce qui est de l'Église orthodoxe d'Orient, elle avait très vite abandonné l'idée d'avoir le grec comme seule langue véhiculaire au sein de son giron. Il en est résulté une prolifération de traditions orthodoxes, chacune avec sa propre langue. Ce fut en quelque sorte une réforme avant la Réforme.

Mais revenons-en aux catholiques romains. Pour eux, le déclin de ce que j'ai appelé plus haut « élan d'uniformisation » était une tragédie. Et l'apparition consécutive à la réforme d'une «tendance à la scissiparité » – pour reprendre la fameuse expression de Latourette – ne fit que justifier leurs appréhensions. Cette tendance à la scissiparité, dont la cause fut naturellement imputée au protestantisme, fut à l'origine d'une multitude de types de foi différents les uns des autres et disposant chacun de son propre vase de terre. Ce fut le comble de l'horreur pour les catholiques qui continuèrent de s'agripper à l'idéal d'une seule Église universelle, avec une seule langue, au sein d'une seule tradition culturelle. Bien qu'ils eussent prédit et assisté plus tard à la disparition de cet idéal, ils n'en furent pas moins mécontents.

Néanmoins, pour ce qui est des questions missionnaires, les catholiques se souciaient moins de l'uniformité. En effet, à cause des divergences dans leurs pratiques missionnaires, il est pratiquement impossible de ranger dans une seule catégorie toutes les stratégies qu'ils ont employées au fil du temps. Ces stratégies s'opposent autour de deux extrêmes. Si en 1540, au Pérou, les Jésuites avaient trouvé bon de forcer, à coup de fouet, les Incas à se rendre à l'église et à se confesser ; en 1600, soit soixante ans plus tard, des Jésuites en mission en Chine avaient adopté une approche radicalement différente : au Pérou, les missionnaires catholiques ne parlaient pas la langue des autochtones, en Chine oui. Au Pérou, ils refusèrent de porter les vêtements des autochtones contrairement à leur pratique dans l'empire du Milieu. Au Pérou, ils n'eurent aucun respect pour les intellectuels Incas, alors qu'ils surent reconnaître les grandes qualités des intellectuels chinois. En fait, leur « accommodation » à la culture chinoise était si parfaite que des rapports parvinrent au Vatican, les accusant de vouloir créer une forme de syncrétisme à partir de la religion chrétienne. C'est ainsi qu'après 70 ans de rapports maritimes réciproques entre la Chine et le Vatican, ce dernier précipita la décision de l'empereur de Chine d'expulser de son territoire tous les missionnaires chrétiens, quelle que soit leur confession. Ce triste revers fut appelé la « controverse des rites chinois ». L'action du Vatican visait à empêcher l'adoption de la culture chinoise comme véhicule de la foi là où le génie jésuite avait entrevu la possibilité et la faisabilité d'avoir des prédicateurs de l'Évangile habillés comme des Mandarins et capables de maîtriser la littérature chinoise classique.

La période contemporaine

La décision du Pape de cette époque-là contre l'« accommodation » des Jésuites qui avait poussé l'Empereur à expulser tous les missionnaires a été largement commentée au cours des siècles. Les opinions sur ce sujet continuent de varier. Et même si les gens sont aujourd'hui moins réfractaires à l'idée d'un changement culturel que ne l'était ce Pape du début du 17e siècle, il reste tout de même des progrès à faire dans ce sens-là. Mais avant de passer de la Chine à autre chose, il semble nécessaire de parler du mouvement Taiping (ou rébellion Taiping). C'était un mouvement de plusieurs centaines de milliers de personnes qui croyaient en la Bible. Il s'était emparé et avait dirigé avec justice et équité pendant plus d'une décennie Nankin, la plus grande ville chinoise de cette époque. Ses leaders avaient imprimé quelques parties de l'Ancien Testament et ils avaient en vain essayé de vivre en accord avec la Bible. Le principal leader de ce mouvement se faisait appeler « le fils chinois de Dieu » ou encore « l'autre fils de Dieu » en se référant à Jésus. Certains missionnaires appuyèrent ce mouvement en espérant qu'un jour, ses adeptes trouveraient le bon chemin. D'autres en revanche s'y opposèrent pensant que le mouvement s'était par trop écarté du bon chemin.

Lorsque les leaders mandchous reprirent leur ville principale avec l'aide de canonnières britanniques, américaines et françaises, des milliers d'adeptes du mouvement Taiping furent massacrés. L'histoire semblait alors se répéter, car en fait ce massacre était en tout point semblable à l'extermination des mouvements de paysans à l'époque de la Réforme.

Aujourd'hui, il existe partout dans le monde des mouvements similaires au mouvement Taiping. En Afrique, en l'occurrence, on trouve une multitude de dénominations qui, tout comme en Chine, ont à leur tête un leader qu'elles croient être de nature divine. Évidemment, les missionnaires se méfient d'un tel syncrétisme. Par ailleurs, il y a en Afrique des mouvements d'un autre type. Ceux-ci diffèrent, tout autant que les premiers, du christianisme occidental classique, mais ne comptent pas de personne « divine » dans leurs rangs. Ces derniers mouvements sont deux fois plus nombreux que ceux du premier type.

Tous ces courants non « traditionnels » du christianisme en Afrique sont appelés Églises indépendantes africaines ou Églises d'initiative africaine, en abrégé E.I.A. Avec 20.000 « dénominations », ils comptent plus de 50 millions d'adeptes. Ces courants se distinguent – et c'est compréhensible – du fait de leur taille et leurs constitutions respectives. Mais en plus de ces divergences internes, il faut ajouter les externes : les divergences des opinions des missionnaires à leur sujet.

Parmi les plus grands courants de cette catégorie, on compte certainement celui de Kimbangu. Ce courant prit naissance dans ce qui était jadis le Congo belge, l'actuelle République démocratique du Congo (RDC). Le gouvernement belge, alors favorable à l'Église catholique, fit emprisonner Simon Kimbangu qui languit pendant 38 ans en prison avant d'y mourir. Au moment de son incarcération, il n'avait que peu d'adeptes. Il fut enterré un peu avant que le Congo belge n'accède à l'indépendance et ne devienne le Zaïre. Kimbangu ne vécut donc pas assez longtemps pour bénéficier d'une libération parmi celles que le mouvement des indépendances entraîna quelque temps après. Ses geôliers se demandaient alors si, à supposer qu'il eût survécu à son emprisonnement, Kimbangu aurait pu reconquérir quelques-uns de ses ex-disciples. Apparemment, il n'aurait pas eu besoin de le faire, car, au moment où le Congo accédait à l'indépendance, quelque temps après sa mort, Kimbangu avait déjà plus d'un million de disciples. Ce nombre s'est accru au fil du temps au point où Kimbangu compte aujourd'hui plusieurs millions d'adeptes. Ce type de christianisme – comme on peut s'y attendre – est méprisé par beaucoup de missionnaires, mais toléré et même respecté par d'autres. Aujourd'hui, le mouvement de Kimbangu fait partie du Conseil œcuménique des Églises.

L'approche adoptée par Donald McGavran vis-à-vis de ces Églises africaines indépendantes consistait à simplement demander : « Tiennent-ils la Bible en estime ? » Et d'un ton provocateur, il ajoutait ensuite : « Ce qu'ils croient n'a pas d'importance dès lors qu'ils s'appliquent à étudier la Bible. Donnez-leur un peu de temps et ils reviendront sur le droit chemin ».

Il y a en Afrique au moins 400 traditions ecclésiastiques d'origine occidentale. Or, le nombre des fidèles des traditions non occidentales est pratiquement égal à celui des fidèles des traditions occidentales et semble même croître plus rapidement. Il se peut qu'au regard de tout ce qui précède, vous pensiez que notre foi occidentale serait « hors de contrôle ». Laissez-moi vous rappeler que ce phénomène qu'on observe en Afrique, nous l'avons retrouvé en Inde au début de notre leçon. Et il est probable que la Chine aussi connaisse quelque chose d'analogue. En effet, on peut même sommairement affirmer qu'il existe en Chine trois catégories de Chrétiens : les catholiques, les protestants reconnus par le gouvernement et ceux qu'on a appelés les membres des Églises de maison. Le mouvement des Églises de maison en Chine, de même que les E.I.A. d'Afrique, est en fait un ensemble de divers groupes. De loin, il constitue la catégorie chrétienne la plus importante en nombre de toutes celles qu'on retrouve en Chine. Les catholiques y sont faiblement représentés face aux protestants reconnus dont le nombre se situe autour de 15 millions tandis que celui des adeptes du mouvement des Églises de maison se situe dans une fourchette entre 60 à 80 millions.

On peut donc dire en d'autres termes que la plupart de ceux qui, en Afrique, en Inde et en Chine croient en Jésus-Christ ne sont pas très exactement des « Chrétiens ». Mais qu'ils soient appelés «christianisme sans Église » ou encore « Église a-chrétienne », ils constituent une catégorie d'une force et d'un dynamisme remarquables. D'une part, il nous faut reconnaître au regard de ce phénomène – quel que soit l'angle sous lequel on le considère –, que même avec une doctrine correcte, le christianisme de culture occidentale est à la traîne. D'autre part, nous devons en toute franchise admettre que des deux milliards de personnes qui dans le monde entier se considèrent comme Chrétiens (d'après la définition occidentale), une assez large proportion ne connaît pas exactement ce à quoi elle croit et n'accorde pas à la Bible le même intérêt qu'on porte à ce livre dans ces nouvelles sphères non traditionnelles, ces sphères a-chrétiennes. Dans les termes de l'archevêque Temple (1976), c'est « le phénomène nouveau de notre époque ».

Chapitre 17
LES INDICATEURS DU FUTUR

Notre leçon de ce jour porte sur le futur et sur les divers «indicateurs » susceptibles de nous aider à anticiper le futur. Le futur dont il est question est ce que cette prière englobe : « Que ta volonté soit faite sur la terre comme au ciel ». Dans notre dernière leçon, nous avons parlé de l'apparition récente d'un aspect majeur de cet avenir, à savoir la croissance imprévue et spectaculaire de nouvelles formes de foi. On a parfois du mal à les classer dans la catégorie «christianisme », si l'on définit le christianisme comme simplement l'une des nombreuses traditions culturelles empreintes de valeurs bibliques.

Dans cette leçon, nous parlerons d'autres « indicateurs » tels que la bipolarisation autour de la science et de la foi, la « tâche inachevée » et l'apparition de nouveaux mouvements d'implantation d'Églises, l'intérêt sans cesse croissant pour le concept de développement international, la question de la formation de leaders et celle du retour au modèle universitaire et l'émergence de réseaux mondiaux d'organisations missionnaires.

La science et la foi

À mon avis, le futur va principalement se caractériser par une bipolarisation visiblement irréversible de l'échiquier mondial autour de la science et de la foi. Permettez de vous dresser un tableau de la situation actuelle. On a d'un côté des scientifiques sincères, intelligents et « croyants » qui, dans une sorte de contemplation spirituelle, méditent sur les pures merveilles et sur l'infinie complexité de la nature. Et d'un autre côté, on a des millions de personnes sincères, intelligentes et très religieuses qui, pareillement, méditent sur les richesses éternelles et sur les défis spirituels extraordinaires contenus dans la Bible.

Les progrès de l'homme moderne dans la connaissance de la nature sont énormes et on serait tenté de croire qu'aujourd'hui, il n'y a plus rien d'important à découvrir. Pourtant, il apparaît que plus nous avançons dans l'exploration de notre environnement naturel, plus il nous reste des choses à découvrir. C'est un peu comme si chaque fois que le diamètre de notre connaissance s'allongeait, la circonférence de notre ignorance s'élargissait trois fois plus vite.

Même des choses fort simples demeurent impénétrables. Tenez par exemple, l'attraction entre un aimant et un tournevis. Que peut-il bien se passer entre ces deux objets au moment où ils s'attirent l'un l'autre ? Parmi tous ceux qui ont vécu avant nous et parmi tous nos contemporains du monde entier, personne n'a jamais eu la moindre idée pouvant expliquer ce phénomène. Tout ce que nous sommes capables de faire aujourd'hui, c'est de calculer mathématiquement à l'avance la puissance magnétique et de décrire son effet avec précision. Nous demeurons complètement dans l'ignorance de ce que ce phénomène est réellement.

Nous savons que notre monde est en fait une sphère bipolaire, et nous en sommes émerveillés. Nous savons aussi que nous vivons à la surface d'un énorme ballon perché dans l'espace, à l'intérieur de l'orbite gravitationnelle d'un soleil duquel nous sommes séparés par une distance de près de 130 millions de kilomètres. Mais une fois encore, quoique nous soyons capables de calculer avec une précision inouïe l'attraction gravitationnelle, la nature de cette dernière attraction – quoique manifestement différente de l'attraction magnétique – reste insondable. Aucune personne au monde ne peut se targuer d'avoir une quelconque idée de ce phénomène.

Que ce soit dans le domaine de l'infiniment grand ou dans celui de l'infiniment petit, nos connaissances restent toujours superficielles. En effet, pour effectuer une seule traversée de notre galaxie, il faudrait une centaine de milliers d'années à un vaisseau spatial allant à la vitesse de la lumière. Or, soit dit en passant, les galaxies se comptent par milliards ; certaines plus petites et d'autres plus grandes que la nôtre qu'il reste à découvrir. Pendant ce temps, il existe des choses si petites, à l'instar des bactéries, dont l'observation ne pouvant se faire au télescope requiert l'usage d'un microscope électronique.

On recense aujourd'hui 30 millions de types de bactéries différentes les unes des autres. Ces bactéries sont d'une intelligence telle qu'elles peuvent attendre de manière latente dans le corps humain jusqu'à ce qu'elles se soient multipliées en grand nombre pour provoquer le plus de dégâts. En réalité, lorsque leur nombre a atteint ce que les scientifiques appellent « quorum », ces bactéries attaquent simultanément le corps humain. Pourtant, si par hasard elles attaquaient sans que leur nombre atteigne ce quorum, le corps humain pourrait facilement s'en défendre. Cela démontre quand même un niveau d'intelligence élevé pour une si petite créature comme la bactérie. Or, jusqu'à très récemment, aucun microbiologiste ne pouvait s'imaginer que les bactéries pouvaient communiquer entre elles et passer en revue leurs troupes avant d'attaquer en force.

On peut donc facilement comprendre dans quelle mesure les scientifiques peuvent être à la fois remplis de crainte et d'admiration à la vue de ces phénomènes. Parallèlement, il est tout aussi facile de comprendre le sérieux et l'émerveillement de ceux qui s'attachent aux Saintes Écritures lorsqu'on sait qu'elles diffusent des lueurs d'une connaissance insoupçonnée de la science, qu'elles défient notre morale humaine et fournissent un véritable sens à l'existence, qu'elles donnent la faculté d'éprouver de l'amour et de la compassion, qu'elles inspirent le sens du sacrifice, qu'elles montrent en quoi les êtres humains sont différents des animaux, et qu'elles nous éclairent sur notre propre existence et sur notre rôle sur la terre.

La bipolarisation

Pourquoi donc ces deux moyens de contemplation sont-ils arrivés à une telle opposition bipolaire ? Je pense que les torts sont partagés. Je crois que les religieux ont été troublés par le fait que la science ait été utilisée comme arme (militaire) ; par le fait qu'en voulant reproduire des éléments de la nature, la science-fiction se soit mise à représenter des créatures horribles ; ou encore par le fait que les scientifiques se soient si souvent vantés de posséder des connaissances sûres et assurées, juste avant d'être confondus par de nouvelles découvertes qui remettaient en question leurs certitudes antérieures.

Si donc certaines personnes ayant placé leur foi dans la Bible affirment avec insistance que la science est ennemie de la foi chrétienne, il n'y a rien d'étonnant à cela. En ce qui me concerne, j'ai appris dans ma jeunesse à considérer la science comme une amie de la foi. À cette époque de ma jeunesse, l'Institut biblique Moody avait réalisé une collection d'images d'avant-garde en couleurs illustrant les découvertes de merveilles scientifiques et montrant ainsi la gloire de Dieu.

Si vous tapez « Hugh Ross » sur Google, vous allez remarquer que toutes les informations qui s'affichent sur votre écran, à l'exception de celles de son propre site, sont des critiques de ses écrits. En effet, plusieurs de ceux qui apprécient sa pensée d'un point de vue religieux accusent Hugh Ross de chercher à glorifier Dieu par le biais des prouesses scientifiques. Un de ces sites affirme dans ce sillage que la science est dangereuse et même inutile, car, poursuit-il, alors que les cieux racontent la gloire de Dieu et que l'étendue manifeste l'œuvre de Ses mains, « il n'y a point de parole, il n'y a point de langage dans laquelle leur voix est entendue ». Pourtant la Bible dit : « Il n'y a point de parole, il n'y a point langage dans laquelle leur voix n'est pas entendue ». Avons-nous besoin de tordre des versets de la Bible pour la défendre ? De tronquer les Écritures pour avoir raison ?

Dans le pôle opposé, on a des scientifiques qui aiment à se rappeler toutes les fois où, au cours de l'histoire, les leaders de l'Église se sont opposés aux scientifiques. Oubliant que l'Église a davantage promu la science – en lui donnant même une base théologique – qu'elle ne l'a combattue, certains scientifiques n'ont gardé que le souvenir de l'opposition à partir duquel ils ont développé une sorte d'indignation légitime envers la religion. Par ailleurs, plusieurs de ces scientifiques ne veulent tout simplement pas laisser l'autorité divine influencer leurs vies.

D'autres scientifiques s'accrochent opiniâtrement au fait que des leaders religieux tels que Jean Calvin et Martin Luther avaient affirmé de façon catégorique que selon la Bible, le soleil tournait autour de la terre et que la théorie copernicienne d'un système solaire héliocentrique était contraire à la Bible. Ces scientifiques n'ont jamais présumé que Calvin et Luther avaient mal compris la Bible, mais ils ont supposé d'emblée que Calvin et Luther ne pouvaient pas se tromper dans leurs explications et, conséquemment, que la Bible ne pouvait être crédible.

Une situation similaire prévaut à l'heure actuelle au milieu de ceux qui pensent que le globe terrestre est d'un âge très avancé. Ils sont, en général, contre la religion parce que bien entendu, les religieux, s'appuyant sur l'enseignement des Écritures, soutiennent que la terre n'est vieille que de 6.000 ans. De mon point de vue, le problème réel de ces scientifiques ne se situe pas vraiment autour de l'âge de la terre, mais plutôt autour de la fiabilité de la Bible.

De nos jours, nombre d'évangéliques ont perdu le lien avec le fond du mouvement évangélique dans lequel on enseignait que des ères géologiques précédaient Genèse 1:1. Selon ces mêmes enseignements, le récit de la création contenu dans la Genèse décrivait en fait une nouvelle création, c'est-à-dire l'avènement d'une espèce humaine et d'un règne animal non carnivore semblables à ce qu'on verra à la fin des temps où, selon Esaïe 11, on verra le loup habiter avec l'agneau après que la sempiternelle violence qui existe dans la nature aura pris fin. Cette thèse de la « Pré-Genèse » a été largement expliquée dans le manuel sur la Bible par Unger publié pendant plusieurs décennies par Moody Press en 24 éditions pour un total de 500.000 exemplaires. Une version revue de ce manuel est en cours d'impression. Soit dit en passant, Unger était le président du département de l'Ancien Testament du Séminaire théologique de Dallas.

Remarquez que si cette thèse était correcte – et je ne dis pas qu'elle l'est –, il n'y aurait plus aucun conflit entre la paléontologie moderne et la Bible. Pourtant, depuis l'instituteur de la maternelle jusqu'au professionnel de la presse, tous ceux qui aujourd'hui dispensent le savoir sont convaincus, par la bouche de fervents Chrétiens, de la certitude que selon la Bible, notre univers ne peut être vieux de plus de 6.000 ans.

Il est évident que toute tentative d'évangélisation au sein d'une société orientée vers la science se heurte à des obstacles énormes. Et si le christianisme a manifestement rencontré du succès parmi les populations rurales et les personnes sans instruction du monde entier, il fait face aujourd'hui à une opposition grandissante dans son propre giron à cause des enseignements religieux dont le fondement biblique peut parfois être remis en question. Il nous faut probablement revenir à ces jours où l'Institut biblique Moody, ayant mis sur pied son Institut des sciences – lequel n'existe plus de nos jours –, essayait d'étudier la science non pas comme en opposition avec la foi chrétienne, mais plutôt comme servant à la confirmer.

L'expansion de la foi chrétienne est présentement continue et rien de ce que nous avons dit plus haut ne semble l'arrêter. Elle a la latitude de se répandre dans les sphères où la science n'est pas assez développée et dans celles où la science n'est pas considérée comme un obstacle à la foi. Grâce à David Garrison (2004), on sait maintenant qu'il y a de nouveaux mouvements d'implantation d'Églises partout dans le monde et en particulier parmi les populations rurales. Et si on évalue l'expansion de la foi chrétienne – quelle que soit la forme qu'elle a adoptée – en fonction de sa pénétration géographique ou même sociologique, on peut même penser que la « tâche inachevée » est presque achevée.

Des avancées et des revers

L'expansion de la foi reste néanmoins un progrès éphémère du fait de deux facteurs : la forme d'éducation dominante, fortement sécularisée dans les domaines de la science et de l'histoire, gagne du terrain et les organisations missionnaires ne prêtent pas une attention suffisante au problème de la pauvreté. On note avec satisfaction que, en 1977, l'Université internationale William Carey ait décidé de s'orienter vers le développement international, suivie en 2005 par le Séminaire théologique Fuller qui a introduit un cours sur ce thème.

Aussi longtemps que les scientifiques critiqueront les leaders religieux dans l'inspiration qui est la leur, les religieux rejetteront la source d'inspiration des scientifiques. Parallèlement – et plus important encore –, à chaque fois que les leaders chrétiens (qui ont un grand respect pour la Bible) critiqueront les scientifiques (qui se consacrent à étudier la création divine), les scientifiques auront tendance à nier la légitimité de la source d'inspiration des leaders chrétiens. Dans ce duel, il n'y aura aucun vainqueur jusqu'à ce que chacune de ces deux sources d'inspiration – à savoir le livre de la nature et le livre des Écritures – soient considérées comme des révélations divines.

Voilà pourquoi nous, leaders chrétiens, devons prendre l'initiative d'étudier ces deux livres. Aux États-Unis et dans le reste du monde, les cursus de formation des leaders chrétiens sont en général complètement dépourvus de matières scientifiques. Et quoique la Bible nous le recommande vivement, nos cursus ne s'appuient pas sur cette autre source importante d'inspiration et de révélation : l'œuvre de Dieu dans la nature. Ce qui nous amène à un autre indicateur du futur.

La formation des leaders chrétiens

Le système de formation de nos responsables présente plusieurs points faibles. J'en ai identifié trois : des étudiants mal choisis, un cursus incomplet et un modèle de formation inapproprié.

J'ai déjà mentionné la faiblesse de nos programmes de formation qui, comme je l'ai souligné plus tôt, ont négligé la toute première source de révélation divine, le livre de la nature, dont la voix se fait entendre dans toutes les langues. Mais un autre problème, apparemment plus important, se pose au niveau du processus de sélection.

Il se trouve que conformément à une certaine tradition chrétienne observée à l'échelle mondiale, il est d'usage de mettre un accent particulier sur la connaissance livresque et les programmes de formation que sur la sélection faite en amont de la formation. Ainsi, malgré les bonnes notes qu'ils obtiennent pendant leur formation, les étudiants des écoles bibliques et des séminaires du monde entier n'ont en général aucun don pour l'œuvre pastorale et missionnaire. À la fin, ils sont bien formés, mais ils ne sont pas ceux qu'il fallait former.

Il est un autre fait, un fait visiblement sinistre, que les instituts de formation de certaines dénominations (en particulier aux États-Unis) n'admettent comme étudiants que des gens issus de leurs propres milieux. Toutes ces écoles finissent par refiler à leurs Églises des leaders de tout genre, bien formés, mais non qualifiés. Ce qui entraîne une stagnation et un réel déclin en nombre des Églises comme c'est le cas aux États-Unis où toutes les confessions qui dépendent de tels instituts de formation au ministère sont en recul.

Pendant ce temps, toutes les confessions par le monde qui croissent rapidement ont un tout autre système de sélection de leurs ouvriers : ils préfèrent des personnes douées à celles qui ont été formées. En fait, il y a une très grande différence entre former des personnes douées et essayer de développer des dons chez ceux qui sont déjà formés.

La troisième défaillance de notre système de formation des leaders est toute simple. Après le mauvais choix des étudiants, les programmes de formation qui laissent à désirer, nous parlerons de la faiblesse inhérente du modèle de formation. Alors qu'il est exigé des missionnaires qu'ils parlent les langues locales, nos structures ecclésiastiques continuent avec insouciance d'ignorer le modèle universitaire. Elles continuent de garder les noms d'« école biblique» ou encore de « séminaire » pour leurs écoles. En outre, elles font du mal à leurs étudiants en leur décernant des diplômes inclassables tels que des « master en divinité » ou des « doctorats en ministère », des diplômes qui ne signifient rien dans le monde ordinaire et qui par conséquent entravent leurs études.

Néanmoins, on assiste actuellement à une montée en puissance des universités évangéliques dans le monde. C'est un indicateur de plus qu'il nous faut surveiller de près. Joel Carpenter, doyen du Calvin College, après une recherche rapide sur internet, a trouvé qu'il existe déjà sur le champ missionnaire 41 nouvelles universités évangéliques. Curieusement, ces universités n'ont pas été créées par des missionnaires ; et leur existence prouve qu'aux yeux de Chrétiens d'outre-mer, le modèle universitaire vaut mieux que le modèle du séminaire. Mais puisque ces institutions ne sont ni le fruit d'une initiative missionnaire ni rattachées à des organisations missionnaires, elles s'oublient dans l'univers des cursus séculiers sans pouvoir contribuer directement à la formation des leaders de la sphère chrétienne. Il nous faut donc nous arrimer au modèle de formation universitaire.

Les réseaux d'organisations missionnaires

À la suite de tous les phénomènes d'envergure mondiale dont nous venons de parler, il nous faut mentionner un autre indicateur tout aussi important : l'apparition d'un nouveau réseau d'organisations missionnaires sans précédent à l'échelle mondiale. Ce réseau a vu le jour en avril 2005 sous l'appellation de Réseau mondial des structures missionnaires (ci-après Réseau). Des associations d'organisations missionnaires existaient déjà au niveau national et, à certains endroits, au niveau régional, mais jamais auparavant – avant l'avènement de ce Réseau – il avait existé une association mondiale d'organisations missionnaires évangéliques. La seule structure qui aurait pu lui ressembler à cette époque, c'était l'Association des missions du Tiers-Monde dont le nom même révèle qu'elle n'était pas une association à vocation mondiale.

Le Réseau doit aujourd'hui relever le défi de diffuser des informations dans le monde entier à une période où les gens se déplacent à un rythme inégalé auparavant. Une étude récente montre que le nombre de travailleurs immigrés dans le monde est actuellement si élevé que la somme totale qu'ils envoient à leurs familles se monte à près de 380 milliards de dollars US par an ; ce qui dépasse la somme de toutes les aides financières étrangères ajoutée à celle de tous les capitaux investis à l'étranger.

De manière spécifique, le Réseau est capable de suivre le parcours migratoire des groupes de personnes. Il peut retrouver à Londres ou à Los Angeles la trace de 10.000 personnes appartenant à un peuple difficile à atteindre dans son contexte de base – c'est-à-dire dans son pays d'origine – à cause de l'attitude renfermée que ce peuple adopte à domicile, mais dont les ressortissants dans ces villes où ils sont étrangers sont plus ouverts à l'aide et à l'amitié.

Je ne dis pas que l'immigration soit forcément une bonne chose. Elle est probablement le phénomène qui à lui seul a le plus déchiré des familles plus qu'aucun autre phénomène de toute l'histoire de l'humanité. L'évangélisation des travailleurs immigrés n'est certes pas la solution complète à cette crise de la famille, mais le fait d'amener des personnes à Christ constitue certainement une bonne base vers une solution durable du futur. Or, cet horizon, ce futur, n'est pas facile à envisager. Au cours de notre prochaine leçon, nous examinerons l'un des éléments les plus importants de ce futur.

Chapitre 18
OBJECTIF PREMIER : RÉTABLIR LA GLOIRE DE DIEU

La plupart des personnes qui vivent sur la terre ont une marge de manœuvre réduite. Très peu de gens sont en mesure de changer de profession s'ils le voulaient. Ils arrivent avec peine à trouver juste de quoi vivre, et souvent n'y parviennent même pas. Il est évident que leur religion ne s'intéresse pas à leur condition sur la terre, mais se limite strictement au ciel.

Tout au long de l'histoire de l'Église, les groupes confessionnels qui ont gouverné des pays, comme les luthériens, les anglicans et les catholiques, ont développé ce qu'on a appelé de nos jours des théologies publiques, des théologies tournées vers le séculier. Cependant, les minorités qui n'avaient pas dirigé de gouvernements, entre autres les anabaptistes, les frères moraves et les quakers, avaient tendance à se focaliser sur le monde d'après parce qu'ils n'avaient rien à faire dans le monde présent. Nous avons, dans une large mesure, hérité de cette dernière théologie. Ceux d'entre nous que nous considérons comme de pieux et fervents fidèles de Jésus-Christ sont davantage redevables aux anabaptistes qu'aux réformateurs et aux catholiques. Le Réveil évangélique est plus proche de nous qu'il l'est de la réforme. Et c'est de ce Réveil évangélique que nous avons tiré notre théologie et le style de vie de nos Églises qui sont en général focalisées sur le monde d'après. La seule exception à la règle fut John Wesley. De son milieu anglican, il emprunta le piétisme allemand – essentiellement orienté vers l'au-delà – qu'il greffa à maints problèmes séculiers de son époque. Ses partisans et lui mirent en route des réformes qui affectèrent les tribunaux, les prisons, les asiles psychiatriques et les écoles. Ce fut une transformation en profondeur de la société anglaise du 18e siècle. Les évangéliques peuvent se targuer de ces actions sociales de grande envergure même si, de nos jours, ils n'en sont plus conscients.

À présent, nous avons tendance à regarder l'action sociale avec condescendance. Si elle est pour nous un moyen de nous assurer de notre salut, alors tant mieux. En revanche, si les exigences de la prière dominicale nous poussent à nous ranger du côté de la lumière et non du côté des ténèbres, alors c'est par l'action sociale que nous pourrons glorifier Dieu. Un professeur de Harvard, cité par le *Time Magazine*, s'est permis un jour de dire que si le Dieu des partisans de la théorie du Dessein intelligent existait, alors ce Dieu serait l'auteur de tout le mal que nous voyons. Une telle assertion ne saurait promouvoir l'évangélisation. Elle ne peut être inspirée que d'une forme de paganisme, d'un fatalisme évangélique qui n'a rien à voir ni avec la Bible, ni avec le Nouveau Testament qui pourtant nous éclaire de façon particulière sur la personne de Satan.

Certains comme John Piper affirment que tout ce qui se meut tient son énergie de Dieu. Ainsi, lorsqu'un moucheron agite ses ailes, il le fait par la puissance de Dieu, et que Satan n'a par conséquent rien à voir avec ce qui se passe dans la création. Laissez-moi vous poser la question suivante : lorsque vous donnez à votre enfant de quatre ans la latitude de décider de l'achat de tel vêtement ou de tel autre vêtement, continuez-vous d'exercer un contrôle sur votre enfant ou le laissez-vous dépendre de son libre arbitre ? Dieu, quant à Lui, en créant des êtres dotés du libre arbitre, leur a concédé le pourvoir de décider d'eux-mêmes tout en les gardant sous Son contrôle. Revenons-en à vous. Si votre enfant choisit le vêtement qui ne convient pas, vous pourrez soit lui dire : « Non ! Pas celui-là ! », soit faire de votre enfant un robot afin qu'il ne dise et ne fasse rien d'autre que ce que vous lui faites dire ou de faire. Or, vous ne voulez sans doute pas avoir un robot pour fils.

De même, il se peut que Dieu aussi ne veuille pas avoir des anges et des êtres humains qui soient semblables aux robots. Dieu les veut libres. Cela ne veut pas dire qu'Il ferme les yeux sur ce qu'ils font ; au contraire, Il déplore dans bien des cas ce qu'ils font. Mais apparemment, Dieu a, d'après le conseil de Sa volonté, choisi de ne manipuler personne. Non pas qu'il ne puisse pas le faire, non pas qu'il n'ait pas le pouvoir d'anéantir le mal sous toutes ses formes ; mais pour une raison qui lui est propre, il veut que nous travaillions pour lui avec lucidité et liberté, il veut que nous l'aimions sans y être contraints et que nous lui donnions notre vie volontairement.

Cependant, si vous omettez le libre arbitre pour ne retenir que le contrôle de Dieu sur toutes choses, alors vous arriverez inéluctablement à cette question : pourquoi Dieu a-t-il créé tous les maux qui existent sur la terre ? Pourquoi par exemple a-t-Il créé tous ces parasites responsables de la cécité dont souffrent de nombreuses personnes ? Il n'a rien créé de ce genre ! Je l'ai dit dans mon livre ! Et admettre qu'il est l'auteur du mal constitue une entrave majeure au rayonnement de la gloire de Dieu. Pourtant, depuis Augustin, Thomas d'Aquin et Jean Calvin, nous nous sommes tant bien que mal accrochés à une explication intellectuelle plutôt fragile qui corrobore cette entrave. Cette explication est logique, mais erronée. En effet, si le contrôle de Dieu sur la terre était déjà effectif, pourquoi donc continuons-nous de prier ces requêtes : « Que ton règne vienne, que ta volonté soit faite sur la terre comme au ciel » ? Ce règne et cette volonté de Dieu sur la terre ne sont pas encore effectifs. Car s'ils l'étaient, cette prière ne nous aurait jamais été enseignée. Si tout ce qui arrivait sur la terre l'était par la volonté de Dieu, alors quelle serait l'importance du Notre Père ?

L'histoire atteste que les évangéliques ont rejeté l'Évangile social parce que leurs fidèles provenaient surtout des couches inférieures de la société, cette catégorie de personnes que l'évangéliste D. L. Moody avait gagnées à Christ. Or, ceux qui avaient l'habitude de s'entretenir sur les affaires gouvernementales étaient des universitaires issus des milieux riches, des évangéliques de la vieille école. Il a donc existé une forme de bipolarisation sociale qui a alimenté ce rejet ; un rejet qui par conséquent n'avait pas que des motifs théologiques.

Quoique dans ses enseignements, Jésus ait appelé à transformer la société selon la volonté de Dieu, nous, évangéliques, avons trouvé que cette tâche était impossible. Nous l'avons mise de côté en prétextant que le monde irait de toute façon de mal en pis. Et sur ce point, nous sommes bien plus à blâmer que les libéraux. Les artisans les plus engagés de la réforme sociale n'étaient pas forcément des libéraux. D'ailleurs, Timothy Smith (1957) a écrit un ouvrage démystificateur sur cette question intitulé *Revivalism and Social Reform* qui montre que le « revivalisme » a, de manière directe, entraîné une réforme sociale. Cette dichotomie entre un revivalisme qualifié de spirituel, d'une part, et une réforme sociale qualifiée de libérale, d'autre part, n'a pas existé. Dans les années 1850, le revivalisme et la réforme sociale ne faisaient qu'un et il existait déjà un très grand nombre de cercles promouvant la moralisation de la société, l'alphabétisation, l'éducation des femmes et l'abolition de l'esclavage.

Toute cette activité sociale, antérieure à Moody, était essentiellement le fait d'évangéliques.

Moody a amené dans l'Église des millions de personnes d'origine modeste. Comme les gens ne portaient aucun intérêt aux questions politiques ou aux changements sociaux, ils se mirent à réfléchir à l'au-delà. Les évangéliques de l'Institut biblique Moody commencèrent à manifester un intérêt particulier pour l'eschatologie ; et pendant environ 35 ans, pratiquement tous leurs enseignements et tous leurs écrits portaient sur ce qui adviendrait à la fin des temps et sur l'imminence de cette fin. En d'autres termes, il ne servait à rien par exemple d'entamer la construction d'un pont parce que Jésus pouvait revenir avant la fin de l'ouvrage. Voilà leur type de raisonnement.

Wesley cependant n'avait pas cette façon de penser, car il voulait de toute façon introduire des réformes en Angleterre. Je pense pour ma part que nous ferions mieux de nous conformer à la prière dominicale, que nous soyons capables ou non d'achever de faire tout ce que nous avons à faire. Nous devons faire front avec Christ contre les forces du mal et des ténèbres. Les évangéliques ne se sont pas encore distingués dans les domaines de la recherche médicale, par exemple dans l'éradication de maladies ; ils sont absents des sphères où se prennent les décisions concernant le système bancaire mondial. Ils n'ont pas développé de théologie concernant la maladie.

Les évangéliques avaient créé des instituts bibliques au lieu de fonder des universités. Pendant 60 à 70 ans, ils avaient quitté la scène par un tunnel ; un détour pour se mettre à l'écart de tout. Parmi eux, il n'y avait pratiquement aucun membre du congrès (américain), aucun avocat, aucun membre d'une profession libérale. À présent, tous ces instituts bibliques sont devenus des universités. Les évangéliques intègrent déjà le domaine des affaires publiques et ont une conscience sociale. Ils doivent faire face à des questions qu'ils ne rencontraient pas auparavant, prendre des décisions, faire des choix par leur vote et déterminer comment le pays va être dirigé. Ils n'ont jamais eu affaire à toutes ces choses. Actuellement, ils développent ce qu'on appelle théologie publique. À mon avis, c'est pour cette raison que le visage du mouvement évangélique évolue.

CONCLUSION : EMPOIGNER L'AVENIR

Tout au long de ce cours, nous parlons d'une seule et même histoire. Quoique présentée sous une forme conjecturale, il ne s'agit pas d'une histoire de l'humanité allant du big bang jusqu'à nos jours, mais de celle d'un Créateur bon dont la création parfaite est soudainement attaquée par un leader dissident après une longue période d'existence. Celui-ci, avec un groupe de partisans rusés, vient régulièrement porter de sérieux préjudices à cette création et à la réputation du Créateur. Cette histoire nous présente par conséquent les défis de la rédemption et de la restauration. On peut la considérer comme une épopée en cinq actes.

Acte 1. Il est de loin le plus long de tous. Au cours de cet acte, l'univers est créé et le long processus du développement de la vie a lieu, probablement réalisé par les anges qui suivent les instructions de Dieu et qui, à la satisfaction de Dieu, découvrent ce qu'aujourd'hui, nous autres humains commençons à comprendre comme les complexités de la vie.

La situation se complique à la fin de l'Acte 1. Mais avant, les atomes, les molécules et, chose plus curieuse, des ensembles vivants incroyablement complexes sont déjà formés. Il ne s'agit pas seulement de ces petites bactéries constituées de molécules d'ADN, mais aussi de petits animaux. Certains de ces animaux, à l'instar de l'étoile de mer, sont en forme d'étoile symétrique, alors que d'autres sont « bipolaires », c'est-à-dire qu'ils disposent d'un avant et d'un arrière, d'une gauche et d'une droite. La caractéristique principale de cette phase est qu'aucun de ces animaux n'est offensif ou agressif et par conséquent, aucun d'eux n'a besoin de se défendre.

La crise survient avec le début de l'Acte 2 au cours duquel l'archange que Paul a surnommé le « dieu de ce siècle » avec toute son armée, se rebelle contre Dieu : c'est la chute de Satan. Dans sa rébellion, Satan va apporter à la création des déformations génétiques au cours de cet Acte bien plus court que le premier, mais

175

tout de même de longue durée. Comme conséquence, des formes de vie prédatrices, depuis les bactéries jusqu'aux dinosaures, ont commencé à apparaître dans plusieurs familles du règne animal, transformant ainsi toute la nature en un champ de bataille.

En même temps, les anges fidèles ont continué de créer au cours de cette période tumultueuse des formes de vie de plus en plus intelligentes. C'est ainsi qu'est apparu, il y a 11.000 ans, l'homme moderne qui, comme le reste de la nature, était horriblement déformé et un dangereux prédateur.

L'Acte 3 s'inaugure par un retournement de la situation. Un énorme astéroïde frappe le Moyen-Orient. Il y détruit toute forme de vie et y provoque vraisemblablement l'énorme dépression en dessous du niveau de la mer connue aujourd'hui sous le nom de mer Morte. C'est dans cette région, dans le jardin d'Eden précisément, qu'une nouvelle race adamique est amenée à l'existence et que sont recréées les espèces animales et végétales non carnivores originelles avec l'intention apparente de réintroduire des formes de vie dépourvues de tout instinct carnivore et vivant en harmonie, à l'image de ce qui sera à la fin des temps où, selon Esaïe 11, la panthère se couchera avec le chevreau.

Cependant, l'Acte 4 débute avec la chute d'Adam et la dégradation du jardin d'Éden. Les nouvelles formes de vie non prédatrices de Genèse 1 se croisent avec les formes de vie antérieures et dépravées se trouvant à l'extérieur du jardin. Les fils de Dieu se marient alors aux fils des hommes et le nombre de jours de l'espèce humaine s'amenuise graduellement jusqu'à ne devenir qu'une fraction de l'espérance de vie originelle. Comme conséquence notoire de la chute d'Adam, l'image de Dieu – quoi qu'on puisse penser qu'elle fut – est dénaturée ou effacée et tous les êtres humains, dépravés, ont besoin de salut.

Aujourd'hui, nous vivons les derniers instants du quatrième Acte, instants au cours desquels Dieu, dans son œuvre rédemptrice, transforme des vies et les enrôle dans un effort de guerre visant à «détruire les œuvres du diable » (1 Jean 3:8, Second, édition revue). Pourtant, toujours dans cette fin du quatrième Acte, le monde vit dans une illusion et un aveuglement généralisé, et beaucoup ignorent l'existence même de la guerre qui nous oppose à Satan. Cette situation est particulièrement tragique, d'autant plus que ce phénomène s'observe surtout dans les régions du monde où l'œuvre rédemptrice semble avoir déjà rencontré un succès quasi total, notamment dans l'Occident « chrétien », lequel est pourtant mieux placé pour mobiliser l'effort de guerre contre Satan.

La majeure partie de la population mondiale continue de ployer sous le joug dévastateur des maux tels que la pauvreté, la maladie et les conflits. Par conséquent, il serait ironique de s'attendre à ce que ce soient ces pauvres et ces personnes sans influence de ce monde qui, contrairement aux Occidentaux, comprennent que nous sommes actuellement sur le pied de guerre. C'est d'autant plus ironique que ces personnes sont sans doute les plus mal placées pour faire quelque chose à ce sujet. Car elles tirent leur consolation d'une « théologie de l'évasion », et ce sont elles qui peuvent le mieux exprimer ce cantique : « Ce monde n'est pas à moi, je ne suis qu'un étranger ».

Puisque les pauvres et les défavorisés ne peuvent pas être mobilisés dans une guerre à l'échelle mondiale contre les œuvres sataniques, nous devons recourir à ceux que nous qualifierons de « peu enclins », mais théoriquement capables d'être mobilisés.

Mortimer Adler (1995), grand philosophe d'antan, avait relevé que ce qu'il fallait au monde, c'était « un équivalent moral de la guerre », c'est-à-dire un engagement total dans un effort de guerre non pas contre la chair et le sang ; une mobilisation importante, immédiate et enthousiaste des efforts humains consacrée à la lutte non pas contre les hommes, mais contre les problèmes auxquels fait face le genre humain et contre tous les autres maux qui déforment la création divine et sapent la réputation de Dieu. Et j'ajouterai aussi, contre un ennemi qui n'est pas de nature humaine, mais dont l'existence est actuellement niée par la plupart des Chrétiens en raison de leur apathie.

En règle générale, les guerres passées étaient provoquées par des défis d'une violence et d'une ampleur considérables. Or, à observer de près les fléaux mondiaux tels que la grippe espagnole de 1918 qui fit entre 50 et 100 millions de victimes – soit bien plus de victimes que la Première Guerre mondiale n'a faites –, on peut voir qu'ils se rapprochent par leur violence et leur ampleur de ces défis provocateurs de guerre. Pourtant, même de tels fléaux ne sont pas susceptibles de susciter une mobilisation générale pour une guerre totale contre le mal de la même envergure que celle qu'on a observée chez les Américains et les autres nations au cours de ce qui fut appelé la Seconde Guerre mondiale. Soit dit en passant, peu de nos contemporains ont vécu cette guerre, mais ceux d'entre nous qui l'ont connue peuvent très nettement se souvenir de la façon avec laquelle une nation entièrement engagée dans une guerre totale peut devenir fort différente.

En supposant que l'analyse que nous avons menée tout au long de ce cours soit correcte, la guerre dont il est question ici a débuté avec la chute de Satan et a pris un tournant décisif lorsque l'humanité y a été impliquée avec la chute d'Adam. Ce dernier avait pour rôle de veiller sur le jardin dans lequel il vivait, mais dès lors que la corruption avait pénétré le jardin, sa propre vie était menacée. Il perdit son fils en partie à cause de l'omniprésence du péché dans l'atmosphère extérieure du jardin. Si nous nous attendons à ce qu'un événement similaire à l'attaque de Pearl Harbor vienne déclencher une mobilisation des ressources sociales du monde, ou des ressources chrétiennes, ou encore particulièrement des évangéliques dans une guerre contre le mal, il est certain que notre attente sera déçue. Cependant, nous pouvons trouver dans la demande de la prière dominicale « Que ton règne vienne, que ta volonté soit faite sur la terre comme au ciel », le motif nécessaire pour nous pousser, non pas à des prouesses personnelles à exhiber, mais à faire tout ce qui est en notre pouvoir pour mobiliser autant que possible le monde chrétien et le monde non chrétien dans cette guerre.

« Le Fils de Dieu a paru afin de détruire les œuvres du diable » (Segond, édition revue). Ce verset de 1 Jean 3 :8 montre à quel point l'enjeu de la guerre contre le mal, ou plutôt de la guerre contre Satan, est capital. Or, si cette guerre est le principal objectif ou l'un des principaux objectifs du Fils de Dieu – qui nous a clairement signifié : « comme le Père m'a envoyé, moi aussi je vous envoie », – alors l'ordre dont il a la charge, qui est par ailleurs aussi le nôtre, est à l'heure actuelle largement sous-estimé et mal compris. On sait que les Chrétiens des premiers siècles ne pouvaient pas mesurer l'étendue des ravages causés par l'ennemi, notamment dans le domaine des maladies.

Nous n'avons qu'une vague idée de la structure de cette guerre que nous sommes appelés à mener. En général, les organisations missionnaires, tant celles fondées par les Occidentaux que celles mises sur pied aujourd'hui par les Chrétiens du reste du monde, regroupent des personnes réellement déterminées à poser des actions qui s'accordent vraiment avec la volonté de Dieu. Ces organisations constituent en quelque sorte les « forces armées » du Royaume dans les rangs desquels on compte des « militaires ». Après les « militaires », viennent les « civils » du Royaume qui donnent et qui soutiennent l'œuvre des premiers, et enfin on a ceux qui ne sont même pas engagés dans le soutien de l'œuvre et qui se trouvent loin « derrière les lignes de combat ». Le problème est qu'aujourd'hui, les « civils » ne sont pas autant mobilisés comme ils l'auraient été dans une guerre totale réelle. De plus, il est vrai que même les coups portés par les « militaires » ne font qu'effleurer l'ennemi du Royaume.

Je ne pense pas que les gens soient foncièrement égoïstes, méchants ou âpres au gain. Je pense plutôt que nous avons simplement des gens qui ne réalisent pas que nous sommes en état de guerre et qui continuent de mener la grande vie comme si de rien n'était.

Si tous ceux qui soutenaient la mission par leurs dons s'engageaient à vivre selon le niveau de vie des missionnaires qu'ils soutenaient, cela permettrait de dégager chez la plupart de ces donateurs une hausse assez importante de leurs revenus. « Mais pour quoi faire ? » me demanderiez-vous. À l'évidence, cette question provient soit de l'idée selon laquelle les besoins dans le monde sont si insignifiants qu'ils ne méritent pas d'être pris en considération, soit de l'idée qu'ils sont désespérément immenses pour être comblés, ou de l'idée que tous les efforts faits dans ce sens semblent inefficaces et vains.

Si nous comptons envisager le futur en matière de guerre à mener, alors il nous faut vivement prendre conscience des problèmes totalement nouveaux que l'idée de cette guerre soulève.

L'étendue du problème

Premièrement, il nous faut mesurer l'étendue réelle du problème. John Eldredg (1866) écrit dans son livre *The Epic* : « Je suis atterré par le degré de naïveté que la plupart des gens manifestent à l'égard du mal ». Cette affirmation révèle à quel point Satan est capable d'engourdir la sensibilité et de détourner la vigilance des gens. Sinon comment expliquer alors que nous autres Américains soyons capables d'engager une grande partie de nos ressources dans une guerre en Irak où dix Américains environ meurent chaque jour sans être alarmés par le fait que chez nous, deux maladies seulement font autant de victimes que 600 guerres d'Irak n'auraient faites ? Chaque jour, les maladies cardiovasculaires et le cancer font atrocement périr 6000 personnes – soit 600 fois le nombre de victimes américaines en Irak – qui avant de mourir souffrent autant que ceux qui meurent en Irak. Malgré cela, la mobilisation dans ce pays pour la recherche des origines de l'une ou l'autre de ces maladies reste infime. En effet, sur les deux milliards de dollars US alloués à la lutte contre ces deux maladies, plus de 90 % de l'argent est attribué au traitement des personnes malades, au détriment de la recherche sur les causes de ces maux.

Si on avait sensibilisé l'opinion américaine sur l'existence de ce déséquilibre du budget, peut-être que cela aurait servi à provoquer – comme l'attaque de Pearl Harbor – une mobilisation de nos ressources dans une nouvelle guerre mondiale, mais cette fois-ci contre la maladie. En Amérique, un budget faramineux est attribué aux services médicaux et pharmaceutiques, mais il est utilisé dans sa quasi-totalité pour le traitement, et non pour l'éradication des sources de la maladie.

L'opacité du problème

Deuxièmement, il nous faut réaliser que ce problème n'est pas seulement énorme et grave, mais qu'il est entouré d'un nuage de confusion et d'ignorance. Le fait, comme nous l'avons souligné précédemment, que les gens ne soient pas au courant du problème constitue en soi-même un autre aspect de ce problème ; car le problème n'aurait pas été en soi si terrible si l'opinion publique avait connu son existence.

Jusque-là nous n'avons parlé du mal qu'en termes de l'offensive majeure portée par la maladie sur les hommes et les animaux. Pourtant, la corruption généralisée de l'espèce humaine censée apporter la solution au problème est aussi un mal en soi. Et que dire donc des déformations génétiques – dont on parle très rarement – qui ont donné lieu aux formes de vie prédatrices ? Que penser des modifications génétiques qui pourraient ramener les prédateurs à leur condition première de non-carnivores ? Ne serait-ce pas là aussi une partie de notre mission qui est de glorifier Dieu ? Si des tigres sont devenus de méchants mangeurs d'hommes par la main de Satan et de ses anges par le moyen de modifications génétiques, c'est bien au diable que revient la faute, n'est-ce pas ? Maintenant, que pensez-vous de rétablir ces tigres dans leur condition initiale par un procédé de transformation génétique ? Pensez-vous vraiment que la seule façon de les traiter serait de les tuer ou de les enfermer ? Ne serait-ce pas glorifier Dieu que de s'assurer qu'on ne rejette plus sur lui le fait de l'existence de leur nature de prédateurs ? Une fois encore, n'est-ce pas là une partie de notre mission ? Si oui, alors nous devons connaître les dernières découvertes réalisées dans le domaine de la microbiologie. Mais avant, examinons d'autres maux sur lesquels on s'attarde en général le moins.

Après avoir travaillé pendant longtemps à la Banque Mondiale, William Easterly (2006), un des cadres supérieurs de cette institution a publié un livre intitulé *The White Man's Burden*. Ce livre expose la tragique réalité du détournement de plus de la moitié des fonds alloués à la lutte contre la pauvreté et contre les effets de la crise économique par des membres des gouvernements et par des intermédiaires malhonnêtes ; des intermédiaires qu'on retrouve aussi bien parmi les citoyens de ces pays pauvres que parmi les 10.000 employés de la Banque en question. À plusieurs reprises, la Banque Mondiale a essayé d'enrayer ce phénomène, mais les détournements de fonds se sont généralisés même à l'intérieur de ses propres murs à tel point qu'aujourd'hui, l'indifférence y prévaut.

Pour que le royaume de Dieu vienne sur la terre et que sa volonté soit mise en œuvre contre notre grand ennemi, il nous faut expérimenter une nouvelle prise de conscience.

Qui combattra pour nous ?

Troisièmement, il serait simpliste de s'imaginer que les Chrétiens à eux seuls pourraient mener cet effort de guerre. D'ailleurs on constate avec embarras que, excepté pour ce qui est du salut personnel et de l'espérance en l'éternité, la plupart des efforts et des initiatives actuelles dans le monde visant à détruire les œuvres du diable sont menés par des personnes et des entités non chrétiennes.

La fondation Bill et Melinda Gates a, par son exemple, réussi à pousser d'autres fondations à s'attaquer aux problèmes mondiaux les plus urgents. Seulement, l'argent tout seul ne saurait apporter une réponse au problème du mal, car si c'était le cas, les excellents efforts de cette fondation auraient suffi à cet égard. Par ailleurs, en matière de recherche microbiologique de pointe sur les sources des maladies, ce sont les docteurs juifs orthodoxes qui s'illustrent le mieux lorsqu'on compare leur degré d'implication dans cette œuvre et le pourcentage de la population mondiale qu'ils représentent. On peut aussi ajouter à cette liste le remarquable Centre de Jimmy Carter qui travaille à l'extermination des agents pathogènes des maladies, mais dont les moyens financiers et les ressources humaines ne proviennent pas directement de la sphère chrétienne proprement dite.

Ces exemples nous montrent qu'il n'est peut-être pas raisonnable de penser que les Chrétiens seuls suffiraient à abattre les géants du mal qui s'attaquent au monde contemporain. Néanmoins, notre principal objectif – lequel d'ailleurs semble plutôt réalisable – est de démontrer par des initiatives chrétiennes qui traduisent les desseins divins que le Seigneur n'est pas l'initiateur du mal, mais son adversaire.

Un problème particulier

Les courants théologiques qui tendent à décourager les énormes efforts à fournir pour combattre le mal sont nombreux. L'un de ces courants, tout en insistant sur le fait que le monde présent va de mal en pis et que de toute façon, la situation continuera d'empirer, encourage les gens à l'inertie et à se focaliser plutôt sur le monde d'après. Un autre courant encore plus dangereux attribue l'existence de toutes les tragédies à Dieu lui-même plutôt qu'aux anges et à l'humanité déchus. Ce dernier courant s'est tellement répandu qu'aujourd'hui, on rencontre des leaders Chrétiens qui se permettent d'écrire des ouvrages intitulés : « Lorsque Dieu semble étrange » ou encore « Où est Dieu dans la souffrance ? ». Dans ces deux livres en l'occurrence, il est question d'une volonté divine que nous devons nous résigner à accepter plutôt que d'une puissance du mal très intelligente que nous avons pour mission de vaincre même si cela doit nous coûter la vie.

Une autre idée très répandue est celle selon laquelle le christianisme a essentiellement pour but de sauver les êtres humains et pas de restaurer la création. Ainsi certains pensent que se dérober à ce monde est plus important que restaurer la gloire de Dieu sur la terre en anéantissant tous les agents que Satan a, dans sa haine contre Dieu, mandatés pour détruire et déformer.

La discipline

La grande majorité de ce qui se fait dans ce monde nécessite une discipline sociale. C'est la conclusion la plus évidente à laquelle on puisse arriver lorsqu'on cherche à comprendre ce qui fait l'efficacité de toute action humaine. En temps de guerre, la discipline caractérise toutes les activités des troupes armées. Les entreprises commerciales, quant à elles, absorbent littéralement l'énergie de leurs employés pour atteindre leurs objectifs. Une fois que ces employés partent à la retraite, tout ce qu'ils avaient prévu d'y faire s'évanouit par manque de discipline sociale. Leur quotidien est alors rempli de bonnes initiatives, mais leur rendement est indubitablement différent de celui qu'ils produisaient autrefois pendant qu'ils étaient contraints à la tâche. Tenez ! Même les athlètes et les stars de cinéma se paient les services de coaches. Si toutes les initiatives en cours dans le monde devaient dépendre seulement du pouvoir de la volonté individuelle, elles resteraient certainement inachevées.

Il est de fait qu'aux États-Unis, l'Église contemporaine n'exige pas grand-chose de ses fidèles. À l'opposé, on a l'Opus Dei qui, dans la tradition catholique, impose à ses laïcs un mode de vie d'une grande rigueur. Il est vrai que la tradition protestante dispose aussi du « *Disciplined Order of Christ* » (Ordre discipliné du Christ) qui tend à faire pareil, mais de manière nettement moins stricte. Voyez-vous, lorsque chacun travaille seul de son côté, les efforts que nous produisons sont au mieux symboliques, au pire sans importance pour le royaume. Tenez, l'emphase de l'Opus Dei sur la

« sanctification quotidienne » est excellente, mais si elle ne tend pas vers un réel effort de guerre, elle ne mène vraiment à rien. Quant à l'Ordre discipliné du Christ, il insiste moins sur la nécessité de développer ce que Richard Mouw a si bien appelé un « saint intérêt pour les questions terrestres ». Si nous tenons à susciter une mobilisation vraiment importante des Chrétiens, alors il nous faut une structure qui soit dans plusieurs aspects semblable à ces ordres, une structure qui vienne non pas s'opposer à ces ordres, mais plutôt s'ajouter à eux.

À ma connaissance, il n'y a à ce jour aucune organisation formellement chrétienne qui, tout comme le Centre Carter, s'attelle à anéantir les agents pathogènes des maladies. Certes, il existe aux États-Unis des organisations travaillant pour la justice et défendant les droits des Chrétiens dans les écoles publiques et dans la sphère publique en général. Seulement elles sont, dans une certaine mesure, soit défensives soit superficielles.

Nous manquons de temps et d'espace pour continuer de parler ici des exigences et des efforts collectifs disciplinés que nous impose notre mission, qui consiste à faire en sorte que les événements tragiques ne soient pas attribués à Dieu. Néanmoins, nous pouvons au travers de tout ce qui a été dit avoir une idée de la grandeur de la mission qui incombe aux Chrétiens et du fossé qui existe entre cette mission-là et ce qui est accompli présentement.

Pour mener cette guerre totale contre le mal, il faut que les évangéliques investissent par milliers la sphère politique et les cercles de la recherche la plus avancée en microbiologie ; il faut qu'ils réussissent à transformer tous les principes éthiques actuels qui régissent le monde du commerce ; et il faut qu'ils développent une nouvelle approche de la discipline de groupe pour pouvoir atteindre ces objectifs. Il faut de tout cela et même plus si nous voulons « empoigner l'avenir » de la prière dominicale.

BIBLIOGRAPHIE

Butterfield, H. (1981). *The Origins of History*. Basic Books.

Cahill, T. (1996). *How the Irish Saved Civilization: The Untold Story of Ireland's Heroic Role From the Fall of Rome to the Rise of Medieval Europe.* Anchor.

Chaney, C. L. (1976). *The Bith of Missions in America.* William Carey Library Publishers.

Churchill, W. S. (1969). *A History of the English-Speaking Peoples, Vol. 1 : The Birth of Britain.* Dodd, Mead & Company.

Easterly, W. (2006) *The White Man's Burden : Why the West's Efforts to Aid the Rest Have Done So Much Ill and So Little Good.* Penguin Books.

Eldredge, J. (1866). *Epic : The Story God Is Telling by John Eldredge.* Thomas Nelson.

Fogel, R. W. (2000). *The Fourth Great Awakening and the Future of Egalitarianism.* University of Chicago Press.

Garrison, D. (2004). *Church Planting Movements : How God Is Redeeming A Lost World.* WIG Take Resources.

Harnack, v. A. (1908). *The Mission and Expansion of Christianity in the First Three Centuries* (Vol. 1). Williams and Norgate.

Hoefer, H. E. (2001). *Churchless Christianity.* William Carey Library.

Kaiser, W. C. (2001). *The Old Testament Documents : Are They Reliable & Relevant ?* IVP Academic.

Latourette, K. S. (1997). *A History of Christianity : Reformation to the Present.* Prince Press.

Machen, J.G. (1921). *The Origin of Paul's Religion.* Eerdmans.

McGavran, D. A. (1955). *Bridges of God : A Study in the Strategy of Missions.* Word Dominion Press.

Moffet, S. H. (1998). *A History of Christianity in Asia* (Vol. 1). Orbis Books.

Morehead, A. (1966). *The Fatal Impact.* Harper & Row.

Mortimer, A. (1995). *How to Think About War and Peace.* Fordham University Press.

Mouw, R. J. (1980). *Called to Holy Worldliness.* Fortress Press.

Niebuhr, H. R. (1957). *Social Sources of Denominationalism.* Meridian Books.

Neil, S. (1966). *Colonialism and Christian Missions.* McGraw-Hill.

Noll, M. A. (2001). *Turning Points in Christian History.* Baker Academic.

Schonfield, H. J. (1968). *Those Incredible Christians.* Bernard Geis Associates.

Stark, R. (1997). *The Rise of Christianity : How the Obscure, Marginal Jesus Movement Became the Dominant Religious Force in the Western World in a Few Centuries.* Harper.

Temple, W. (1976). *Christianity and Social Order.* Shepheard-Walwyn.

Timothy, L. S. (1957). *Revivalism and Social Reform in mid-19th-Century America.* Abingdon Press.

The Pocket World in Figures (2006). The Economist News Paper; Profile Books.

Winter, R. D. (1969). *The 25 Unbelievable Years 1945-1969.* William Carey Library.

Winter, R. D. (1999). *Perspectives on the World Christian Movement : Study Guide.* William Carey Library Publishers.

À PROPOS DE L'AUTEUR ET DE L'ÉDITEUR

Ralph D. Winter (1924-2009) fut un missionnaire et missiologue américain remarquable. Il s'apprêtait à marcher sur les traces de son père biologique en qualité d'ingénieur quand le Père céleste l'orienta plutôt vers les études théologiques puis vers une œuvre missionnaire au Guatemala où il passa une dizaine d'années. Revenu aux États-Unis, il se distingua très vite comme un éminent professeur à Fuller Theological Seminary puis comme fondateur du Centre Américain pour la Mission mondiale, de William Carey International University (WCIU) et de la revue Frontiers Missiology. Son travail sur les Peuples Non-Atteints le rendit particulièrement célèbre sur la scène internationale.

L'éditeur, Moussa Bongoyok, est professeur des études interculturelles et de développement holistique. Il enseigne dans de nombreuses universités africaines, européennes et nord-américaines. Il a aussi dirigé le programme de doctorat à William Carey International University où il s'est familiarisé avec le concept des Peuples Non-Atteints, avant de fonder et de présider une Université chrétienne, l'Institut Universitaire de Développement International (IUDI) avec une vision semblable à celle de Ralph D. Winter. Il est l'auteur de plusieurs livres et articles.

www.ingramcontent.com/pod-product-compliance
Lightning Source LLC
Chambersburg PA
CBHW072004090426
42740CB00011B/2080